古代歷史文化研究輯刊

四 編

王 明 蓀 主編

第 2 冊

武丁早期方國研究

楊 于 萱 著

國家圖書館出版品預行編目資料

武丁早期方國研究／楊于萱 著 — 初版 — 台北縣永和市：花
木蘭文化出版社，2010〔民 99〕
目 2+182 面；19×26 公分
（古代歷史文化研究輯刊 四編；第 2 冊）
ISBN：978-986-254-222-4（精裝）
1. 商史　2. 戰史　3. 甲骨文
621.46　　　　　　　　　　　　　　　　99012817

ISBN - 978-986-254-222-4

古代歷史文化研究輯刊
四 編 第 二 冊　　　　　ISBN：978-986-254-222-4

武丁早期方國研究

作　　者　楊于萱
主　　編　王明蓀
總 編 輯　杜潔祥
印　　刷　普羅文化出版廣告事業
出　　版　花木蘭文化出版社
發 行 所　花木蘭文化出版社
發 行 人　高小娟
聯絡地址　台北縣永和市中正路五九五號七樓之三
　　　　　電話：02-2923-1455／傳眞：02-2923-1452
電子信箱　sut81518@ms59.hinet.net
初　　版　2010 年 9 月
定　　價　四編 35 冊（精裝）新台幣 55,000 元　　　　版權所有・請勿翻印

武丁早期方國研究

楊于萱　著

作者簡介

楊于萱，現就讀於逢甲大學中國文學系博士班。現任：國立聯合大學華語文學系兼任講師。著作：
《武丁早期方國研究》（碩士論文）、〈殷商與西周銘文中「賞」、「賜」二字語法辨析〉（《第九屆
中區文字學學術研討會》）、〈論花東甲骨卜辭的否定副詞〉（《東方人文學誌》第七卷第四期）、
〈探論殷商至西周時期青銅器銘文中賞賜用字之演變〉（《第十二屆中區文字學學術研討會》）。

提　　要

　　基於關切殷商時期各方國之間的生存情形與發展，則須了解方國間的戰爭行為，研究彼此
的勢力消長。殷代王室與獨立性強的方國之間可謂關係複雜，方國與方國之間的戰爭行為，卜
辭中記錄了戰爭的時間、地點、將領、吉凶禍福、將領，以及邦國之間的相互協助和進貢行為。
首先，本論文旨在研究殷商武丁早期的戰爭與方國，嘗試從殷商將領帶兵征戰的情形以釐清當
時方國間的互動狀況，並且對於戰爭卜辭中所使用的主要戰爭用語，針對甲骨字形或字義的相
近度分成「伐」與「戈」、「征」與「圍」、「取」與「及」三組戰爭用字以作系統的整理。再者，
探討戰爭卜辭時，與戰爭卜辭同版的部分卜辭為祭祀卜辭，也有部分混雜其他關於氣候、疾病
等卜辭，筆者選擇與戰爭卜辭同版中僅伴隨祭祀卜辭的辭例，探討戰爭卜辭與祭祀卜辭兩者之
間的關係。

目

次

凡　例

一、本論文所引之卜辭釋文，□標示缺一字；☒表示所缺之字數目不詳；字
　　外加〔　〕，表示按照文例擬補之字；異體字、假借字等一般隨文注明，
　　用來注釋的字外加（　）。

二、本論文引用卜辭，命辭末尾一律標問號。

三、本論文中所引《甲骨文合集》之釋文，參照《殷墟甲骨刻辭摹釋總集》、
　　《甲骨文合集釋文》。

四、文中除筆者親炙之師長，尊稱爲「師」，其他學者皆直書其名，不稱先
　　生。

五、本論文中所使用之甲骨卜辭，除參考《甲骨文合集釋文》、《殷墟甲骨刻
　　辭摹釋總集》之外，尚使用朱師歧祥之釋字方式。

引書簡稱對照表

全　　　稱	簡　　稱
《甲骨文合集釋文》	《合集釋文》
《殷墟甲骨刻辭摹釋總集》	《摹釋總集》
《甲骨文合集》	《集》
《殷墟花園莊東地甲骨》	《花》
《戰後京津新獲甲骨集》	《京》
《小屯南地甲骨》	《屯》
《英國所藏甲骨集》	《英》

第一章　緒　論

第一節　研究動機與目的

　　最早的甲骨文發現於清光緒二十四至二十五年間（西元 1898～1899 年），至今已經一百又十年。其中 1991 年 10 月所發掘的「殷墟花園莊東地 H3 坑甲骨」出土時間，離今日也已經十七年。對於殷商甲骨文的研究，從天文星象到人文地理皆可成為研究對象。基於關切殷商時期各方國之間的生存情形與發展，則須了解方國間的戰爭行為，研究彼此的勢力消長。殷代王室與獨立性強的方國之間可謂關係複雜，方國與方國之間的戰爭行為，卜辭中記錄了戰爭的時間、地點、將領、吉凶禍福、將領，以及邦國之間的相互協助和進貢行為。

　　本論文的研究動機主要分成四點：首先，在分期的部分。董作賓《甲骨文斷代研究例》云：「殷代武功極盛的時代，要推武丁，所以在武丁時代，所征伐的方國也特別的多」〔註1〕，不論在研究數量上或方國的實際數量，武丁時期為所有時代之首。先進學者們研究甲骨方國者不在少數，於分期的部分多以大範圍劃分，即分成武丁時期或武乙、文武丁時期或帝乙、帝辛時期，然而卻極少數在於某時代中再細分早、中、晚期予以研究。本文主要鎖定殷商武丁早期階段的戰爭與方國，嘗試從中釐清當時方國間的互動狀況。第二，為用字的部分：在研讀前人對於甲骨方國所作的研究的同時，發現多僅從方

〔註1〕董作賓：《甲骨文斷代研究例》（台北：中央研究院歷史語言研究所，1965年），頁47。

國開始論述，未對於戰爭卜辭中所使用的戰爭關鍵字做系統的整理，因此，筆者於此有發揮的空間，探討戰爭卜辭中常見的戰爭用字有哪些，又表現的語法現象爲何。第三，在戰爭祭祀的部分：在探討戰爭卜辭時，前人從未注意過戰爭前後的祭祀行爲；與戰爭卜辭同版的部分卜辭爲祭祀卜辭，也有部分混雜其他關於氣候、疾病等卜辭，筆者企圖選擇與戰爭卜辭同版中僅伴隨祭祀卜辭的辭例，探討戰爭卜辭與祭祀卜辭兩者之間的關係。第四，在納貢部分：有國家間的戰爭行爲，必有較弱的國家向強國進貢的行爲，筆者也藉此對於方國之間的納貢作一論述。

　　以上爲本論文的研究動機，相對而言，也爲研究目的，筆者試圖解決上述的四種論題。

第二節　研究範圍與方法

一、研究範圍

　　目前所見甲骨卜辭，斷代年限以武丁時期數量最多。對於甲骨斷代工程的見解不斷推陳出新，近十年斷代相關著作以《斷代分期研究》所述最爲詳細、有系統〔註2〕，本文試以《斷代分期研究》的判定爲標準，探討與戰爭、方國有關的詞語。《斷代分期研究》從卜辭字體、前辭形式、記事刻辭位置及內容、兆辭內容、重要敵國、貞人、出現人物、稱謂等方面分析各組卜辭時代，書中對於卜辭出土的系統提出「兩系說」，認爲殷墟王室卜辭發展應爲兩脈絡，以時間數線圖相比對，則如下：

　　　　【村北】

　　　　　　自組→自賓間組→賓組→出組→何組→→→→→→→→黃組

　　　　【村南】

　　　　　　自組→→自歷間組→歷組→→→→無名組→無名黃間類→黃組

　　　　〔註3〕

〔註2〕　李學勤、彭裕商：《斷代分期研究》（上海：上海古籍出版社，1996 年 12 月一版一刷）。

〔註3〕　自組：武丁早期至武丁中期；賓組：武丁中期至武丁晚期（可延及祖庚）；歷組：武丁中期至祖甲早期；出組：祖庚、祖甲（上限可到武丁末）；何組：武丁晚末至武乙前期；無名組：祖甲至武乙中晚；無名黃間類：武乙中晚至文丁；黃組：文丁至帝辛。（李學勤、彭裕商：《斷代分期研究》，頁 326）。

作者李學勤將「自組卜辭」分成「大字一類」、「大字二類」、「小字一類」、「小字二類」、「小字類附屬」等五類，其中認定「大字一類」、「大字二類」為武丁早期卜辭，又「小字一類」和大字類經由卜辭系聯，也認定為其下限不會晚於武丁中期。故筆者將主要研究範圍鎖定武丁早期的王卜辭與非王卜辭，王卜辭主要為自組卜辭的部分，非王卜辭即以花東卜辭為主，並且搭配王卜辭中的賓組卜辭以及歷組卜辭。

關於其他學者對於甲骨卜辭斷代分期的論述，筆者將其置於前人研究成果中，於本論文的內文部份則不再另加論述。

二、研究方法

本論文共分成六個章節，第一章「前言」、第二章「島邦男、張秉權、鍾柏生對武丁時期方國論述的異同點」、第三章「武丁時期的戰爭用語」、第四章「武丁早期征伐方國考」、第五章「武丁早期王卜辭和非王卜辭於征伐前後的活動」、第六章「結語」，其中第二至五章為論文主體的部分。

筆者於第二章「島邦男、張秉權、鍾柏生對武丁時期方國論述的異同點」中，首先論述島邦男、張秉權、鍾柏生對於武丁時期方國的見解，再者探討其三人論述的差異性，並且從三人的優劣處尋找本論文可學習的優點以及可再發揮的空間。

第三章討論到武丁時期的戰爭用語，筆者先尋找出哪些為常見的戰爭用字，再論述那些戰爭用字於甲骨卜辭以及先秦典籍的用法，並且試圖歸納其語法結構，最後探討這些字於使用上的差異性。

第四章論述武丁早期所征伐的方國，首先釐清武丁早期的將領有幾位，再從早期殷將領系聯出武丁早期的方國，最後依循卜辭的記錄，替早期方國畫出其相對於殷商的大致位置，以及部分方國彼此之間的相對位置。

第五章探討武丁早期王卜辭和非王卜辭於征伐前後的活動，首先為戰爭前後的祭祀，筆者從戰爭卜辭的干支，排列出同版祭祀卜辭之日程，探討其所祭何人，又有何用意。再者探論於戰爭之後，方國之間的納貢現象，納貢卜辭所用之字於王卜辭和非王卜辭又有什麼樣的差異性。

第三節　前人研究成果簡述

作任何研究，判別材料為最必要的基礎階段，甲骨的分期研究即是對甲

骨進行整理的基本工作。本論文題目為「武丁早期方國研究」，故應判定何時為武丁時期，又其中哪一部份為武丁早期，筆者於此即先闡述學者先進們對斷代分期研究之說法，再闡述研究方國地理之學者先進的見解。

一、斷代分期部份

所謂「斷代分期」，專指憑藉甲骨本身的條件，斷定其所屬的時代，斷晚商盤庚遷殷至紂的八世十二王之代，再將那時代分為若干不同時期，以區別甲骨所屬的時期。王國維〈殷卜辭中所見先公先王考〉、〈殷卜辭中所見先公先王續考〉企圖用卜辭中的稱謂判斷年代〔註4〕。其文中以甲骨卜辭、金文和漢代及漢代以前之史料，如《尚書》、《詩經》、《春秋》、《呂氏春秋》、《荀子》、《山海經》、《史記》等，即考古實物和史籍相互對照，並將此原始史料進一步作研究，聯系卜辭使成為有系統的古史材料，來重構商史並推測其社會制度，大體上證實了《史記‧殷本紀》商王系統的可靠性，並加以修正。又引用《竹書紀年》、《天問》、《山海經》等書來考訂卜辭中的先公王亥、王恆、上甲。而其中幾次談及羅振玉的見解，如「羅叔言《殷虛書契考釋》始於卜辭中發現王亥之名」、「卜辭屢見示壬、示癸，羅參事謂即《史記》之主壬、主癸」、「羅參事證以古樂陽作樂羊、歐陽作歐羊，謂羊甲即陽甲」等文字，顯示王氏和羅氏皆有注意到卜辭中稱謂的問題，然王國維將卜辭各稱謂羅列解釋，較為詳細。因此可說羅振玉、王國維在甲骨斷代的貢獻，即確立了甲骨卜辭中的世系，對於後人研究甲骨斷代提供一明確的參考目標。

加拿大學者明義士也曾嘗試進行甲骨斷代，其根據「稱謂」進行劃分甲骨時代的工作，從羅、王的偶然為之，到有意識地對甲骨文進行分期整理。由孤立甲骨的判定，到對整批甲骨的整理，按王世的不同，分批排放，因此，除「稱謂」以外，明義士還發現甲骨文字的字體變化，如「甲屜六：與甲屜五同時……其字形大而粗率。」「丙屜二：祖甲稱武丁為父丁……此時代之字體，變為小而細態，尤以王賓等字特用一種橫筆」〔註5〕，不論其斷代上是否正確，然其以字體作為斷代條件之一，開啟字體斷代工程之先河。

斷代研究方法堪稱完善者，應為董作賓《甲骨文斷代研究例》。於大龜四

〔註4〕 〔清〕王國維：《觀堂集林》（北京：中華書局，2004年6月一版八刷），頁409～450。

〔註5〕 詳參李學勤：〈小屯南地甲骨與甲骨分期〉《文物》1981年第五期，頁27～33），頁33。

版問世〔註6〕，董氏即成立「貞人」之說，因肩胛骨臼的研究，證明了許多貞人為武丁時期的記事史官，於是知道「貞人」即「史」，從同時的史官，定為同一時代，在斷代研究上，增添了一有利證據。而在〈大龜四版考釋〉文中，董氏更舉出了斷代研究的八事：（一）坑層；（二）同出器物；（三）貞卜事類；（四）所祀帝王；（五）貞人；（六）文體；（七）用字；（八）書法。《甲骨文斷代研究例》就甲骨文本身擬定十個斷代標準：（一）世系；（二）稱謂；（三）貞人；（四）坑位；（五）方國；（六）人物；（七）事類；（八）文法；（九）字形；（十）書體。即把〈大龜四版考釋〉中的分類稍作修改，將「所祀帝王」分成「世系」和「稱謂」，「貞卜事類」分成「方國」、「人物」、「事類」，其餘即名稱稍作變更，「坑層」改成「坑位」、「文體」改成「文法」、「用字」改成「字形」、「書法」改成「書體」。董作賓由「貞人」的發現到斷代研究「十個斷代標準」，將甲骨史料劃分為五個不同時期：第一期：盤庚至武丁；第二期：祖庚、祖甲；第三期：廩辛、康丁；第四期：武乙、文丁；第五期：帝乙、帝辛，探索甲骨文所記載之史實、禮制、祭祀、文例等的發展變化，將晚商時期的歷史研究建立於科學基礎上，為甲骨研究創立劃時代的貢獻。

　　陳夢家《殷虛卜辭綜述》中「斷代」這一論題分成上下兩章〔註7〕。陳氏把斷代分期的標準分成三項，從占卜卜辭可得知祖先的世系、占卜當時的人對其祖先之稱謂、占卜者的名字，故以世系、稱謂、占卜者為甲骨斷代的首先條件，稱之為「第一標準」。根據第一標準，可有兩種標準片：一是不具卜人名而可由稱謂決定年代，屬於此種者不多；一是具有可定年代的卜人名字者，屬此種者較多。從兩種標準片，便有足夠數量的斷代材料來研究不同時代的字體、詞彙、文例，某一時代字體、詞彙與文法的特徵，可用以判定不具卜人的卜辭時代，名之為「第二標準」。利用上述所說兩個標準，可將所有的甲骨刻辭按其內容分別為不同的事類，例如祭祀、天象、年成、征伐、王事、卜旬等加以研究，如以分期之法加以研究，可綜合成某一時代的祀典、曆法、史實以及其他制度，各種制度的不同，也可作為判別時代的一種用

〔註6〕所謂「大龜四版」，為 1929 年第三次殷墟科學發掘時，在大連坑南段的長方
　　　　形坑內發現的，它們是同時同地出土，龜甲較為完全，即名之為「大龜四
　　　　版」。

〔註7〕陳夢家：《殷虛卜辭綜述》（北京：中華書局，2004 年 4 月一版二刷），頁 135
　　　　～216。

處，則爲「第三標準」。根據上述標準，陳夢家將已出土於安陽小屯的殷代卜辭和少數的記事刻辭可以分爲九期，加上以「組卜辭」分期斷代情形則如下表：

董氏五期	王 卜 辭	組 卜 辭	五期細分	世代	大略分期
1.武丁卜辭		賓組 自組（晚期） 子組（晚期） 午組（晚期）	1	一世	早期
2.庚、甲卜辭	祖庚卜辭	出 組	2	二世	
	祖甲卜辭		3		
3.廩、康卜辭	廩辛卜辭	何 組	4	三世	中期
	康丁卜辭	無名組	5		
4.武、文卜辭	武乙卜辭	歷 組	6	四世	
	文丁卜辭		7	五世	
5.乙、辛卜辭	帝乙卜辭	黃 組	8	六世	晚期
	帝辛卜辭		9	七世	

「組卜辭」爲陳氏所創，其將武丁迄帝辛的卜人，分別加以斷代，斷代方法爲系聯甲骨卜辭之卜人，以卜人之名爲「組卜辭」之名，無法系聯的卜人，再以坑位、字體、文例判定其所屬時期。於文中談論「組卜辭」與坑位、字體文例、親屬稱謂、祭法等之間的關係，判定所屬甲骨時代的先後。

饒宗頤《殷代貞卜人物通考》對甲骨文貞人的資料，作了較詳細的整理〔註8〕。其書分成二十卷，卷一〈前論〉談甲骨種類、龜卜占書源流、占事和卜人等，史料和甲骨相互對應；卷二〈貞卜人物記名辭式釋例〉論貞卜之人於卜辭中的位置，卷三至卷十八則分別紀錄所有史官，分述其所貞卜之事，並因卜辭中所出現的稱謂歸納其所屬時代。卷十九〈結語〉論述稱謂和斷代間的關係，又從貞卜者、刻契者與字形、書寫習慣而對索書年代稍作判定。饒宗頤對貞人所貞卜之事做出詳細分析，以貞人作爲斷代分期的主要標準，爲前所未見。

島邦男《殷墟卜辭研究》藉由卜辭考察殷室的祭祀、國家狀態，以明瞭

〔註8〕 饒宗頤：《殷代貞卜人物通考》（香港大學出版社，1959年11月初版）。

殷人的社會環境及制度〔註 9〕。此書由「序論」和「本論」兩部分構成,「序論」的部份,探討決定卜辭時期基準的「貞人」和「稱謂」;「本論」則探討「殷室的祭祀」和「殷代社會」。於「貞人」的部份,島邦男依董氏五期斷代檢討董作賓和陳夢家之說,從父的稱謂及同片關係考訂出各期貞人,並以此爲基礎,檢討董氏所認定的貞人,一一批判其正確度,其結果再與陳氏所提貞人加以比對,得出各期貞人人數爲第一期武丁時候三十六人;第二期祖己、祖庚、祖甲時候共二十四人;第三期康丁時候二十四人;第四期武乙時候五人、文武丁時候十九人;第五期帝乙時候二人、帝辛時候五人。於「稱謂」部分,島邦男將父兄子的稱謂和母的稱謂分開,再就稱謂的系列與歸屬關係假以考察。

　　黃天樹《殷墟王卜辭的分類與斷代》一書除去賓組、出組等組系統的框架而另進行分類〔註 10〕,其利用陳夢家所創「組卜辭」的組名爲「類」稱命名,如「賓出類」僅指書體風格和特徵性字形相同的一種字體類別,可知其分類標準先依據書體風格,再依貞人劃分細類。此書卜辭分類依照出土地、使用甲骨材料、前辭、書體、文例等特色斷其時代。如下:

自組卜辭	自組肥筆	下限爲武丁中期或中晚期之交。
	自組小字	從武丁較早時期開始,下限爲武丁晚期。
屮類卜辭		下限爲武丁中期或中晚期之交。
賓組卜辭	典 賓 類	武丁晚期至祖庚之世。
	賓組𠂤類	早於典賓類。
	賓組一類	武丁中期。與典賓類卜辭上限相銜接。
賓出類卜辭	賓組賓出類 (賓組三類)	武丁晚期至祖甲之初。
	出組賓出類 (出組一類)	祖庚之世。
自賓間類卜辭	自賓間 A 類	武丁中期。
	自賓間 B 類	武丁中期。

〔註 9〕　島邦男:《殷墟卜辭研究》,濮茅左、顧偉良譯(上海:上海古籍出版社,2006年 8 月一版一刷)。

〔註10〕　黃天樹:《殷墟王卜辭的分類與斷代》(台北:文津出版社,1991 年 11 月初版)。此書爲 1988 年北京大學博士論文。

	歷 一 類	武丁至祖庚之初。
歷類卜辭	歷 二 類	武丁晚期至祖庚。
	歷草體類	祖庚時期。
自歷間類卜辭	自歷間 A 類	武丁中期，下限至武丁晚期。
	自歷間 B 類	
何組卜辭	事 何 類	祖庚之世，或祖庚、祖甲之交。
	何組一類	上限及祖甲晚期，下限至武乙之初。
	何組二類	上限爲廩辛之世。
歷無名間類		上限及祖甲晚世，下限延至武乙初年。
無名類		上限爲康丁之世，下限爲武乙、文丁之交。
無名黃間類卜辭		武乙、文丁之世。
黃類卜辭		帝乙時代。

　　方述鑫《殷墟卜辭斷代研究》一書分爲三章〔註 11〕，第一章〈論「非王卜辭」〉、第二章〈自組卜辭斷代研究〉、第三章〈論「歷組卜辭」與武乙、文丁卜辭〉，並在每章最後做「章結論」。第一章整理出非王每種卜辭的出土坑位、地層，並結合甲骨文的字體、文例、人名、地名和親屬稱謂等進行考察和論證。第二章將自組卜辭依字體分成 A1、A2、A3、B1、B2、C1、C2 三大群七小類，再依據出土情況，結合稱謂、貞人、用字、文例和人事等來研究自組卜辭的時代，最後對殷墟卜辭兩系說作了一些辯駁。第三章對「歷組卜辭」和武乙、文丁卜辭作了分類，認爲「歷組卜辭」只應由有貞人「歷」，以及字體與之相同的卜辭組成，而武乙、文丁卜辭包括了沒有貞人「歷」，但字體和貞人「歷」的卜辭相同，或字體雖不同，然父輩明確可系聯的卜辭，再根據字體特徵，將武乙分成三類、文丁分成六類。又依出土情況、世系、稱謂、人物、事類和文例等特徵分類判斷其所屬時代。

　　李學勤、彭裕商：《斷代分期研究》從卜辭字體、前辭形式、記事刻辭位置及內容、兆辭內容、重要敵國、貞人、出現人物、稱謂等方面去分析各組卜辭時代〔註12〕。《斷代分期研究》提出兩系說，認爲殷墟王室卜辭發展應分

〔註11〕　方述鑫：《殷虛卜辭斷代研究》（台北：文津出版社，1992 年 7 月初版）。此書爲 1990 年四川大學博士論文。

〔註12〕　李學勤、彭裕商：《斷代分期研究》（上海：上海古籍出版社，1996 年 12 月一版一刷）。

爲爲安陽小屯村北、村南兩脈絡：
　　【村北】
　　　　𠂤組→𠂤賓間組→賓組→出組→何組→→→→→→黃組
　　【村南】
　　　　𠂤組→→𠂤歷間組→歷組→→→無名組→無名黃間組→黃組
若將上述組卜辭斷代分期則爲：

𠂤組卜辭	大字一類	武丁早期。
	大字二類	武丁早期。
	小字一類	不晚於武丁中期，即武丁早期至中期。
	小字二類	
	小字類附屬（𠂤歷間卜辭）	武丁中期。
賓組卜辭	𠂤賓間組	武丁中期偏早。
	賓組一A類	武丁中期。
	賓組一B類	武丁中期。
	賓組二類	武丁中晚期。
𠂤組小字二類→𠂤賓間組→賓組一類（A、B）→賓組二類→出組一類		
出組卜辭	出組一類	武丁之末至祖庚。
	出組二A類	祖甲前期。
	出組二B類	祖甲後期。
何組卜辭	何組一類	武丁晚期至祖甲，大致是祖庚祖甲時之遺物。
	何組二類	廩辛時期。
	何組三A類	廩辛至武乙早年。
	何組三B類	廩辛至武乙中期以前。
黃組卜辭		文丁至帝辛。
歷組卜辭	歷組一A類	武丁中期偏晚。
	歷組一B類	武丁中晚期之際。
	歷組二A類	武丁末至祖庚初。
	歷組二B類	祖庚。
	歷組二C類	祖庚後期至祖甲。
無名組卜辭	歷無名間組	祖甲之末至康丁之初。
	無名組一A類	康丁前期。
	無名組一B類	康丁至武乙，下限早於C類。
	無名組一C類	康丁至武乙。
	無名組二類	康丁至武乙，下限不晚於武乙中期。
	無名組三類	武乙中晚期。
	無名黃間類	武乙中晚期至武乙晚期。

以上所述皆爲王卜辭，此書將「非王卜辭」的部分分爲四類：第一類「午組卜辭」時代爲武丁中期或略偏晚；第二類「子組卜辭」時代爲武丁中期，早於午組；第三類「非王無名組卜辭」時代爲武丁中期，早於午組；第四類爲「子組附屬、刀卜辭、亞卜辭」爲武丁中期之物。

上述諸位學者對於殷商甲骨分期之說不一，大致可分成下列四家之說：

學　者	武　丁　卜　辭　內　容
1.董作賓	武丁卜辭
2.陳夢家	(1) 賓組卜辭 (2) 自組卜辭（晚期） (3) 子組卜辭（晚期） (4) 午組卜辭（晚期）
3.黃天樹	(1) 自組卜辭：自組肥筆、自組小字 (2) 屮類卜辭 (3) 賓組卜辭：典賓類、賓組一類 (4) 賓出類卜辭：賓組賓出類（賓組三類） (5) 自賓間類卜辭：自賓間A類、自賓間B類 (6) 歷類卜辭：歷一類、歷二類 (7) 自歷間類卜辭：自歷間A類、自歷間B類
4.李學勤 彭裕商	(1) 自組卜辭：大字一類、大字二類、小字一類、小字二類、小字類附屬（自歷間卜辭） (2) 賓組卜辭：自賓間組、賓組一A類、賓組一B類、賓組二類 (3) 出組卜辭：出組一類 (4) 何組卜辭：何組一類 (5) 歷組卜辭：歷組一A類、歷組一B類、歷組二A類

陳夢家、黃天樹、李學勤和彭裕商將所謂武丁時期卜辭，再以貞人細分，從中可發現，三種分法的武丁時期卜辭主要組成的部分爲「自組卜辭」、「賓組卜辭」，故本論文於論述武丁時期卜辭時，即以「自組卜辭」、「賓組卜辭」爲主要討論部分，再旁及其他相關卜辭。

二、方國地理部分

殷商地理研究在甲骨未發現前，僅根據有限的文獻記載。甲骨文發現以後，商代的地理研究隨即受到學者們的重視。欲探論甲骨方國地理，則需明確掌握方國與方國間的關係、方國所在位置。前人特別爲甲骨地理另作一番研究者之論述如下：

董作賓《甲骨文斷代研究例》談到方國的部分，僅談關於武丁時期的方

國。至於其他時期也僅談帝辛時代與「人方」的關係〔註 13〕。《甲骨文斷代研究例》對於方國的論述採用卜辭與敘述交錯進行的方式，即一段卜辭之後則有一段敘述。所論及之方國：（一）「苦方」：常常侵略殷人土地；（二）「土方」：位於殷北；（三）「沚國」：位於殷之西，東鄰土方，西鄰苦方，爲殷的屬國，與苦方、土方爲鄰，故屢受兩方的侵擾；（四）「䟴國」：殷人西方的屬國，與苦方爲鄰，常受苦方侵擾。以上（一）至（四）是屬於殷西北處的方國。（五）「肅（[illegible]）」；（六）「兒」；（七）「井方」。（五）至（七）爲殷東方屬國。（八）「戉」：爲殷西屬國，常受苦方侵略，亦常同羌人打仗，俘獲羌人；（九）「羌」：位處殷西。以下爲無法推知位置的方國：（一）「鬼方」；（二）「見乘」；（三）「下召」；（四）「蒙（[illegible]）」；（五）「[illegible]方」；（六）「[illegible]方」。總合《甲骨文斷代研究例》所見方國共十五個。

郭沫若《卜辭通纂》分成兩大部分〔註 14〕，第一部分爲收錄了八百片的甲骨，其依照卜辭內容分爲干支、數字、世系、天象、食貨、征伐、畋遊等類別；第二部分爲卜辭考釋，按照所收錄的甲骨一一給予釋文，並予部分甲骨進行綴合的工作。此書所據資料多採劉鶚、羅振玉、王國維、林泰輔諸氏之書，以及馬叔平、何敘輔所藏之拓墨。《卜辭通纂》第 475 至第 614 片爲記錄征伐的卜辭，征伐一類談及方國，並且爲部分方國作系聯。此書特色在於其利用干支推算方國與殷商之間的距離。對於殷商以外的國族或稱「方」或稱「國」，其判定爲國家的方式除了稱「某方」以外，「伯某」、「侯某」、「小臣某」等的「某」皆視作方國。其所談到的西、北方國有十五：（一）「舌方」：是殷之勁敵，征伐例中所見最多，其乃玁狁之一族，在沚西；（二）「沚國」：在殷之西；（三）「土方」：當在殷之西北或正北，距離殷京約有十二三日程，和舌方同爲玁狁之部族；（四）「㕚國」：在殷之北；（五）「下[illegible]」：殷西北之勁敵；（六）「[illegible]方」；（七）「[illegible]方」；（八）馬方；（九）「芍方」〔註 15〕：殷西北之勁敵；（十）「[illegible]方」：《續漢・郡國志》蜀郡有湔氏道，故城在今四川松潘縣西北，或即古[illegible]國之舊地；（十一）「光國」；（十二）「㠱方」：㠱方疑即箕子所封邑之箕；（十三）「井方」：乃殷之諸侯，其當在散關之東、岐山之南、渭水南岸地，殷亡，此亦爲周人所滅。（十四）「毌國」；（十五）「缶國」。其東、

〔註 13〕董作賓：《甲骨文斷代研究例》，頁 47～50。

〔註 14〕郭沫若：《郭沫若全集・卜辭通纂》（北京：科學出版社，2002 年 10 月一版二刷）。

〔註 15〕此「芍方」即其他學者所稱之「羌方」。

南方國則有十七：（一）「兒國」；（二）「示國」；（三）「多國」；（四）「中方」；（五）「𤞤國」；（六）「𢦏國」；（七）「猶」：地望鄰近戈國；（八）「戈國」：對於戈國，郭氏認同葉玉森之說，即《史記‧夏本紀》載禹後分封之國有戈氏，卜辭亦有戈國，或即禹後。又引《左傳》之語，認爲戈國在宋鄭之間；（九）「棘國」：棘或即豐省，疑衛之曹邑（今河南渭縣白馬城）即其故地；（十）「尸方」：當即東夷，殷代之尸方乃合山東之島夷與淮夷而言；（十一）「雇」：即顧國，今山東范縣東南五十里有顧城；（十二）「齊」：當即齊國之前身蓋殷時舊國，周人滅之，別立新國而仍其舊稱；（十三）「盂方」：《左傳》哀公二十六年「六子在唐盂」，顧棟高謂與睢縣之盂唯一地，郭氏認爲盂方當即此附近之古國；（十四）「林方」；（十五）「攸國」：位於殷之東南；（十六）「𩵋國」；（十七）「上魯」：與殷京相距四十日以上，當在三千里之外，疑即上虞。《卜辭通纂》中所列確爲方國者共三十二者。

陳夢家《殷虛卜辭綜述》第八章〈方國地理〉，談論的範圍可以分爲八節〔註16〕：第一節〈史書所載般庚前後的遷徙〉、第二節〈卜辭地名的形式分類〉、第三節〈殷的王都和沁陽田獵區〉、第四節〈泉名及京名〉、第五節〈武丁時代的多方〉、第六節〈武丁時代的晉南諸國〉、第七節〈武丁後的多方〉、第八節〈乙辛時代所征的人方、盂方〉。陳氏將過去卜辭地名的考證分爲三類，第一類孤立的解釋若干地名，如王國維〈殷墟卜辭中所見地名考〉和林泰輔〈龜甲獸骨文中所見之地名〉；第二類通過系聯解釋一些相鄰近或相關的地名，如郭沫若〈卜辭通纂序〉所提於「衣」附近的地名、董作賓《殷曆譜‧帝辛日譜》中所記征人方之路程；第三類爲典籍所載商王都邑的考證，如王國維〈自契至成湯八遷〉及丁山〈由三代都邑論其民族文化〉。武丁方國的部份，陳氏把前人整理方式分成三種，一種如郭沫若《卜辭通纂》羅列與征伐相關的各方國；再者如董作賓《殷曆譜‧武丁日譜》，排列四年半以征土方、邛方爲主的卜辭；最後如胡厚宣〈邛方考〉，論就所征的一個方國而加以平面處理。〈武丁後的多方〉所論及的方國：（一）「方」：似在土方之上，即沁陽之北、太行山以北的山西南部，方入侵之事，自武丁迄帝辛；（二）「土方」：疑爲《左傳》杜祁即唐杜之杜，位於沚之東；（三）「邛方」：位在太行山西北的地區，似在今垣曲與安邑之間的中條山區域；（四）「鬼方」：認爲獫狁是允姓之戎，和鬼方是不同種族，鬼方的位置當在晉南；（五）「亘方」：卜辭中的「亘」即《漢

〔註16〕陳夢家：《殷虛卜辭綜述》，頁 249～312。

書・地理志》之「垣」，今垣曲縣西二十里。春秋時代的赤狄即殷代的鬼方，垣的附近在春秋爲赤狄皋落氏之都，可能此本鬼方盤據之地；(六)「羌方」：羌應理解爲一流動的遊牧民族，羌是其種姓。由羌人作爲犧牲以及羌地望的推測，羌可能與夏后氏爲同族之姜姓族有關；(七)「龍方」：龍方和羌方似或合或叛，兩者當接近。若「龍」字詮釋不誤，則龍方可能和匈奴有關；(八)「御方」：御方是獫狁族之一支。獫狁即戎，而御方、蠻方、朔方是其一支；(九)「馬方」：卜辭曾在馬方下述「馬羌」，或爲馬方之羌，或是馬方、羌方，又多馬方與多馬羌相應，馬方與羌方當在相近之處；(十)「印方」：印方所在地可由「而白」推出，「而」近於羌和雀，因此皆屬於晉南地方；(十一)「尸方」：在武丁之時曾臣服於商王國，但其或服或叛，故又可見於武丁以後的卜辭；(十二)「黎方」：卜辭中「勿」或從口在下，可能爲黎國之黎。黎方在壺關黎亭，爲卜辭所征之勿方、商紂爲蒐之黎、西伯所戡之黎；(十三)「基方」：此字從郭沫若所釋，以爲箕子所封邑；(十四)「井方」：〈殷本紀〉祖乙遷於「邢」，《尚書・序》作「耿」，〈索隱〉曰「今河東皮氏縣有耿鄉」，今山西河津縣。《漢書・地理志》「皮氏，耿鄉故耿國，晉獻公滅之。」河津之耿國，非祖乙所遷之邢，然「邢」、「耿」古通，則「耿」可能即卜辭之井方；(十五)「祭方」：卜辭中的祭方至少在殷代晚期似屬殷國範圍以內。〈周本紀・正義〉引《括地志》云「故祭城在鄭州管城縣東北十五里，鄭大夫祭仲邑也。」今開封府鄭州東北十五里；(十六)「[illegible]（[illegible]）方」；(十七)「大方」：與敦、亶爲鄰，敦在沁陽附近，則亶亦近之；(十八)「兑方」：此字于省吾釋「髳」；(十九)「湔方」；(二十)「豸方」：或釋作「虎」；(二十一)「[illegible]（[illegible]）方」：與戉並列。「[illegible]方」、「兔（[illegible]）方」、「兔」是否爲一，尚待考。「兔」爲伐羌的主要方國；(二十二)「[illegible]方」；(二十三)「[illegible]方」；(二十四)「[illegible]方」；(二十五)「冎方」；(二十六)「興方」；(二十七)「旁方」；(二十八)「鬲方」；(二十九)「肓方」；(三十)「[illegible]方」。武丁時代的晉南諸國則如下：(一)「周」；(二)「缶」：缶與河津的基方、臨汾的犬、平陸的郭、新絳的筍相近，亦當在晉南；(三)「犬」：犬和缶、雀、茲、亘等國有交涉，其可能是周人所謂的畎夷、昆夷、犬戎。今臨汾縣南有昆都聚，可能是昆夷之都；(四)「串（[illegible]）」：郭沫若釋「毌」，串可能是《詩》〈皇矣〉「串夷載路」之串夷；(五)「郭」：《漢書・地理志》以爲在河東郡太陽，山西省平陸縣；(六)「冐」：是後世的筍國，史籍作荀。〈涑水注〉「又西逕荀城，古荀國也」故城在今新絳縣西；(七)「旨」：

旨位於古夏虛一帶，所伐之國有雀、羌等國。旨當是耆國，爲商王國西土的與國，故周文王伐紂，先伐耆；（八）「沚」：武丁時代的沚和土方、邛方、羌方、龍方、印方有過征伐關係、此諸方多在晉南，故沚在陝縣較爲適合；（九）「雀」：其所在當在今豫西。此書作者根據卜辭記載，認爲武丁時期所征方國，皆在今山西南部，黃土高原東邊緣（晉南部份）與華北平原西邊緣（豫北部分）的交接地帶。在方國分析部份，單獨於各方國中，列舉其甲骨卜辭，再搭配文獻，藉以推出此一方國所在位置，陳氏所謂地理方位皆以現今相對地理位置而論。論個別方國時，陳氏將晉南諸國獨立討論，在標目上僅單獨稱其國名「某」，而非稱「某國」或「某方」，或特意將方與國分開論述。

島邦男《殷墟卜辭研究》〈殷的方國〉所記甲骨第一期共有三十四個方國〔註17〕，隸屬於殷的方國有「旨」、「危」、「周」、「㞢」、「興」、「盂」、「𠦪」、「𠁁」、「鬼」、「寅（矢）」、「戈」、「冓」、「𠂤」、「龍」、「亘」、「戉」等十六個方國，與殷敵對的方國則有「舌」、「𩫝」、「下危」、「屮」、「湔」、「羌」、「井」、「馬」、「𠂤」、「祭」、「基」、「土」、「旁」、「印」、「虎」、「𠂤」、「龍」、「亘」、「戉」、「𢼸」、「戋」、「𢆶」等二十二個方國，其中「𠂤」、「龍」、「亘」、「戉」四個方國雖隸屬於殷，然仍有反抗於殷的時候。

張秉權〈人名地名與方國〉一文在島邦男綜合研究成果的基礎上羅列出甲骨第一期的方國共三十四個〔註18〕：舌方、土方、鬼方、周方、龍方、羌方、㞢方、馬方、井方、盂方、旨方、基方、祭方、旁方、興方、湔方、𩫝方、虎方、犬方、戈方、戋方、冓方、御方、巴方、𠁁方、矢方、𢆶方、𠦪方、𢼸方、㞢方〔註19〕、人方、危方、下危、屮方。

李學勤《殷代地理簡論》以安陽即殷這一肯定的事實爲基點，系聯論述殷代的歷史地理及有關的歷史事件〔註20〕。此書分成〈殷、商與商西獵區〉、〈帝乙十祀征人方路程〉、〈殷代多方〉三章，本段即探討〈殷代多方〉這一章節。李氏將武丁時代重要敵國分成早期的戋方、下危、𢆶方，中期的土方、舌方等。其中對於土方和舌方列出相關卜辭，再按照其月份，和相同月份中的不同干支排出事件先後日程，並且認爲土方和舌方都不甚強大，僅戋傷了

〔註17〕 島邦男：〈殷方國〉，《殷墟卜辭研究》，頁 735～816。
〔註18〕 張秉權：〈人名地名與方國〉，《甲骨文與甲骨學》（台北：國立編譯館，1988 年 9 月），頁 301～350。
〔註19〕 「㞢」方國應是島邦男所列的「㞢」方。
〔註20〕 李學勤：《殷代地理簡論》（台北：木鐸出版社，1982 年 4 月初版）。

若干邑（村落），俘走十餘人而已，與殷代其他方國，如羌方、人方相比，較爲弱小，雖有連卜以三千人伐舌方，實際上只是計畫派遣千三人，並非確實每次派出三千人。〈殷代多方〉雖然有提及武丁時候的𢦏方、下危、㘴方、土方、舌方，但並未對其地理位置有所安排。

鍾柏生《殷商卜辭地理論叢》專論甲骨地理〔註21〕，上至武丁時期，下至廩辛、帝辛時期。關於武丁時期其所敘述共四十四個方國的地理位置，將同方位的方國一並討論，並且多與先秦經籍和島邦男、陳夢家之說作比較。

鄭杰祥《商代地理概論》一書於〈前言〉部分敘述前人研究成果和作者所用的研究方法〔註22〕，而主要內文分成四章，第一章〈商代的王畿和都邑〉、第二章〈商代主要的田獵區〉、第三章〈商代的四土和部族方國〉、第四章〈關於卜辭所記黃河下游部分河道的探討和帝辛十年征人方的問題〉。此書將前人研究成果分成三階段：第一階段爲「殷墟卜辭地理研究的開創階段」也是「奠基階段」，學者們把卜辭所記地名歸納成類，運用文獻資料考釋其地望，如孫詒讓《契文舉例》、王國維〈殷虛卜辭中所見地名考〉、林泰輔《甲骨地名考》屬於此階段；從郭沫若《卜辭通纂》到董作賓《殷曆譜》是第二階段，即「殷墟卜辭地理研究的發展階段」，這一階段郭沫若依據卜辭地名之間的內在系聯，再結合文獻記載去探討卜辭地名的地望；第三階段從陳夢家《殷虛卜辭綜述》問世至鍾柏生《殷商卜辭地理論叢》出版稱爲「卜辭地理研究的繁榮階段」，此階段包含五〇年代至八〇年代末的作品，尚有島邦男《殷墟卜辭研究》、李學勤《殷代地理簡論》、松丸道雄《殷墟卜辭中的田獵地理》等。鄭氏先對章節名稱作解釋，在確認卜辭地名的基礎上，按照卜辭之間的內在系聯，即根據卜辭干支系聯求得地名之間的相對距離，構成卜辭地名網絡，再運用文獻資料探討這些地名之地望。其中，較特殊者是鄭氏於〈商代的四土和部族方國〉一章中，對於「商」以外之屬國、敵國部份，或稱「某族」，或稱「方國」。

朱歧祥《甲骨文研究——中國古文字與文化論稿》論及殷初戰爭史，即書中第二十一章〈殷初戰爭史稿——殷武丁時期方國研究〉的部分〔註23〕。其研究方國的方法即依據卜辭所記載，推測其相對於殷商的位置，並且將部

〔註21〕鍾柏生：《殷商卜辭地理論叢》（台北：藝文印書館，1989年9月初版）。
〔註22〕鄭杰祥：《商代地理概論》（河南：中州古籍出版社，1994年6月一版一刷）。
〔註23〕朱師歧祥：《甲骨文研究——中國古文字與文化論稿》（台北：里仁書局，1998年8月20日初版），頁369～444。

分方國與古籍互證，以得其實際地理位置。在論述方國的同時，也討論方國與殷商王室、殷商將領與方國之間的關係，於此文章結語時再以表格立體呈現。朱師將方國位置分成殷之西北、西、西南、南、東南五個方位，位於西北的方國有「舌方」、「土方」、「龍方」、「亘方」、「雷方」、「馬方」、「叉方」、「旨方」、「兽」、「衜」、「印方」、「湔方」、「鬲方」、「異」、「長」等十五國；西邊的方國有「羌」、「祭方」、「井方」、「哉方」、「䝞方」、「屮方」、「翌」、「虎龀」、「先」等九國；西南方有「基方」、「缶」、「周方」、「𠦪方」、「虎方」、「磕方」、「冊方」、「危方」、「興方」、「蜀」、「猶」、「秦」、「哭」等十三國；南邊有「旁方」、「兒」二方國；東南有「佣」、「歸」二方國。

　　上述八位學者對於武丁時期所見方國的論述方式共可分成三種：第一，直接羅列方國，並且加以敘述，如董作賓、陳夢家、島邦男、張秉權、朱歧祥；第二，依照武丁早、中期羅列方國，如李學勤；第三，按照方位，羅列方國，如鍾柏生、鄭杰祥。這三種論述方式似有一個進程，由直接論述方國的方式到依照武丁時期的早中晚的方式，再到按照方位羅列的方式，最後回歸到直接論述方國的方式。筆者於本論文中，將融合上述三種方式，先判定武丁早期之卜辭，再依照系聯的方式羅列各方國，統整的最後結果按照方位羅列，以表格呈現。

第二章 島邦男、張秉權、鍾柏生對於 武丁時期方國論述的異同點

第一節 島邦男、張秉權、鍾柏生對武丁時期 方國論述

島邦男、張秉權、鍾柏生三位學者對於方國的論述，分別爲島氏《殷墟卜辭研究》談殷代社會中所論及的〈殷的方國〉、張氏的〈人名地名與方國〉、鍾氏的《殷商卜辭地理論叢》，這些著作各有其時代的代表性。島邦男《殷墟卜辭研究》在七〇年代中期清楚的分析卜辭的地理位置，並附有方國之間地理位置的簡略地圖，可供模擬及推衍方國間的距離。張秉權〈人名地名與方國〉產生於八〇年代的尾聲中，試圖爲後人解決人地同名的問題，其方式即於人地同名例中列出卜辭以示證明。鍾氏《殷商卜辭地理論叢》同樣爲八〇年代尾聲的著作，仔細的探討地名與方國，在各方國的敘述過程中，加入部份方國的戰爭過程。

一、島邦男〈殷的方國〉中武丁時期的內容述要

《殷墟卜辭研究》一書分成兩個部份，第一，論述殷王室的祭祀活動，從內祭、外祭、祭儀三方面考察殷室的祭祀；第二，論述殷代的社會構成，從地域、方國、封建、官僚、產業、曆法等七方面考察殷代的社會。〈殷的方國〉即屬於此《殷墟卜辭研究》論述殷代社會構成的部分。〈殷的方國〉一章，從論「方」字開始，認爲「方」有「方向」、「方地」、「地方」的意思，也可

以用作「多方」、「方伯」。

〈殷的方國〉一文在方國整理上，將殷卜辭中各時期所見到的方國，以表格方式呈現，再分別討論表格中所列方國，但是實際論述各方國，並非依照表格排列順序，而是按照對殷的侵略程度排序。

在分析各方國時，先闡述各方學者對於方國的釋字、地理方位的看法，廣收孫詒讓、羅振玉、王國維、葉玉森、郭沫若、林義光、于省吾、傅東華、陳夢家、唐蘭、董作賓、胡厚宣等意見。島氏從被侵略、被威脅的地名中歸納侵略者的方國地理位置後，接著探討侵略國存在於哪些時期。島邦男對第一期甲骨方國地理的推測如下表：

西北：舌方（陝西北部或河套）、龍方、中方、澗方、周方（陝西岐山）、井方（近沚地）	北：土方、𢀛方、鬼方（太行、太原至陝西）	東北：龍方、盂方
西：旨方（耆國）、羌（羌）、馬方、祭方、𠂤方（界於殷與舌方之間）、萬方、戉方、亘方	殷（河南安陽）	東：𠂤方（夷方）、旁方（靠近渤海）
西南：召方（陝西雍城之東的召城）、菌方（昌方、𡇈方，河曲附近）、屾方（即〈禹貢〉冀州，山西省河津縣）		東南：虎方（淮水附近）危方、下危（安徽亳縣之南）、興方（安徽亳縣之南）

此書對於武丁時期方國，有五處較特殊的論點：首先關於「危方」與「下危」，島氏認為第一期時危方已經隸屬殷，與第一期卜辭中所征伐的「下危」非同地，然而因為「危方」、「下危」均被稱為「危」，而以「下」被稱的「下危」可想當比「危方」更遠的地方，但是「危方」、「下危」應仍屬同一地望。第二，「𠂤方」即「𠂤（夷）方」。第三「龍方」之說，「龍方」有二，其一在西北，與羌方相近，受殷征伐；其二在東北，凡卜降艱、受年、田獵等事。二者同名異地。第四「菌方」、「昌方」、「𡇈方」為同一方國，位於西南，故與于省吾之說，即《尚書‧牧誓》「庸、蜀、羌、髳、微、盧、彭、濮」之「髳國」，髳國在巴蜀的方位相符。第五，「周」並非在武丁時期即為獨立方國，其從屬於殷，「周」原是武丁至武乙的諸侯，之後，殷、周之間發生怨隙，文武丁伐周殺了王季，文王銳意強大，至武王乃乘殷攻略東方疲弊之際，出兵滅殷。

在武丁時期隸屬於殷的方國有「旨」、「危」、「周」、「𣪘」、「興」、「盂」、「𠂤」、「𠂤」、「鬼」、「寅（矢）」、「戈」、「萬」、「𠂤」、「龍」、「亘」、「戉」等十六個方

國，與殷敵對的方國有「舌」、「[illegible]」、「下危」、「[illegible]」、「湔」、「羌」、「井」、「馬」、「[illegible]」、「祭」、「基」、「土」、「旁」、「印」、「虎」、「[illegible]」、「龍」、「亘」、「戉」、「[illegible]」、「𢦏」、「[illegible]」等二十二個方國，其中「[illegible]」、「龍」、「亘」、「戉」四個方國雖隸屬於殷，然仍有反抗殷的時候。另外，「[illegible]」、「[illegible]」、「[illegible]」、「戈」、「[illegible]」、「寅（矢）」、「[illegible]」、「𢦏」這幾方國，詳細地理方位不詳。〈殷的方國〉所記甲骨第一期共有三十四個方國。

二、張秉權〈人名地名與方國〉中武丁時期的內容述要

張氏在〈人名地名與方國〉中首先談到人地同名的現象，認為人地會形成同名的原因有二，一是單純的人地之名完全相同，此時人名和地名僅能從上下文推測；二是當某人和某地同名時，在某地前後加上形容詞，在某人前後加上稱謂、封號，或是在某字的上下左右加上偏旁。再論造成人地同名的成因有四點，第一，甲骨文中的地名有時稱某方，有時單稱方；第二，地方除稱方，有時也稱邑；第三，有時稱某地的人為某族；第四，甲骨文中所見遠祖先公在廟號、名字和稱謂標示不一，而造成辨識上的困難。〈人名地名與方國〉最後談到地名和方國，張秉權利用島邦男所整理出「卜辭地名」的表格，論島邦男在地名分析上產生的問題：第一，有些地名亦即方名，例如商亦即商方、龍亦即龍方等等；第二，有些地名只因書體有正反或繁簡的不同寫法，就被認為二處地點不同，如「[illegible]」與「[illegible]」、「[illegible]」與「[illegible]」、「[illegible]」與「[illegible]」；第三，有些根本不是地名，唯一的根據是《乙編》8072 的「方來不惟[illegible]，戠禍」是一條有缺文的殘辭，但是該片與其它一九片碎甲綴合後，即為《丙邊》三一九，可知其全辭當為：（一）「甲申（卜），口（貞）：與方來惟[illegible]，余戠禍？」（二）「〔甲申卜，貞〕：與方來不惟[illegible]，余戠禍？」〔註 1〕在這條卜辭中的「戠」字當是災禍的「災」，而非所在的「在」，因此「禍」也就不是地名；第四，有些地名卻為該表未收，如「羔」（或釋「岳」），卜辭見於《鐵》3.1：「羽癸丑，勿乎帚往于羔？」。「教」，卜辭見於《甲編》206：「雀人芻于教？」。張氏認為儘管島邦男所列地名還有不少可議之處，但它所載地名最多，給人方便不少，此為事實。

張秉權在島邦男綜合研究成果的基礎上羅列出甲骨第一期的方國共三十四個：舌方、土方、鬼方、周方、龍方、羌方、芫方、馬方、井方、盂方、

〔註 1〕二例中的「與方」即「[illegible]方」，或有學者釋作「興方」，此處從原書所釋。

旨方、基方、祭方、旁方、興方、湔方、屬方、虎方、犬方、戈方、戉方、冓方、御方、巴方、‖方、矢方、𦍋方、𠂤方、𩵋方、𡗗方〔註2〕、人方、危方、下危、𠀝方。這些方國的地理位置以殷都為中心，分佈如下：

西北：舌方（河套一帶）、井方、𠀝方、馬方、湔方、屬方、鬼方	北：土方、盂方	東北：旁方
西：周方（岐山一帶）、旨方、羌方、亘方、戉方	殷	東：人方（山東半島以至江淮一帶）、巴方、旁方
西南：茏方、祭方	南：	東南：下危（淮陽江北之間）

與王室友好的方國如：旨方、危方、周方、𡗗方、興方、盂方、𠂤方、‖方、鬼方、矢方、戈方、冓方、羌方、龍方、亘方、戊方〔註3〕。曾經與王室為敵的方國：舌方、屬方、下危、𠀝方、湔方、羌方、馬方、井方、茏方、基方、祭方、土方、旁方、巴方、人方、虎方、龍方、亘方、戊方、𩵋方、戉方、𦍋方。其中的龍方、亘方、戊方在第一期甲骨卜辭中，與殷商或友或敵。「危方」、「亘方」、「戊方」未羅列於上述三十四個方國之中，故實際上，張秉權認為的第一期甲骨方國應為三十七個。

三、鍾柏生《殷商卜辭地理論叢》中武丁時期內容述要

《殷商卜辭地理論叢》是論甲骨地理的專書，此書分成四單元，分別是〈卜辭中所見殷王田游地名考——兼論田游地名研究方法〉、〈武丁卜辭中的方國地望考〉、〈廩辛至帝辛時期卜辭中的方國地望考〉、〈殷商卜辭中所見的農業地理〉。其中的〈武丁卜辭中的方國地望考〉一單元分為兩章：第一章，鍾柏生先對方國地名作確定，選擇的標準為卜辭中稱為「某方」者或稱其方國者，又以表格列出島邦男、陳夢家和鍾柏生所謂方國的國家，並且寫出作者自身的研究方法，（一）方位要與卜辭記載一致；（二）所考釋出的方國地名，要與上古地名相契合；（三）方國地名若是農業區（見於受年卜辭），則必有平原，近於水源，絕非在崇山峻嶺之中；（四）某方國卜辭記載與其他地名相聯繫，則其地望之考訂要顧及這些地名的關係。第二章，敘述武丁時期共四十四個方國的地理位置，將同方位的方國一並討論，多與先秦經籍和島

〔註2〕 「𡗗」方國應是島邦男所列的「旁」方。
〔註3〕 「戊方」應為其他學者所稱的「戉方」，〈人名地名與方國〉中作「戊方」，此處從原書所釋。

邦男、陳夢家之說作比較。又論方國位置的內容同時，鍾氏也討論各方國在當時和殷相處的狀況：

西北：[illegible]方（從島氏）	北：羌、土方（山西中部略東）	東北：
西：羌、戉（山西南部）、盂方（近於太行山）、[illegible]方（近於山西南部或河南西北角）、雀方（山西西南或河南西北角）、𢀛方、𩰲方（山西和陝西交界中間偏南）、周方（陝西岐山）、亘方（山西陝西交界）、鬼方（近於太行山北端，太原南方）、龍方（山西中部）、湔方（近於戉，於伊水、洛水間）、見方（山西一帶）、馬方（山西吉北縣附近）、[illegible]方（豫陝之交界附近）、冀（[illegible]）方（山西榮河、河津縣以西，陝西韓城一帶）、𢦏方（河南保靈縣東二十里）、井方（在河津縣，近於𢀛方）、戈方（河南嵩縣西南附近）、旨方、冓方、[illegible]方	殷	東：羌、旁方（齊臨淄附近）、夷方（山東南部、江蘇北部）
西南：	南：鳳方（河南杞縣之南約三百路程處）、危方（商邱以南）、下危（危之南）、興方（近下危）、虎方（河南息縣和商城縣之間）	東南：[illegible]方（位於洮水之東、安陽東南）

以上所述的方國共三十一個。以羌的活動範圍最廣，羌出沒在殷的西方，今山西中南部，另外也在殷的北部、東方活動，北方即山西東南部，與河北西南角、河東東北角一帶，東方爲山東西方。𢀛方、𩰲方有一起入侵他方之辭例，故兩方應是相近的。島邦男則認爲「周方以岐山爲中心的地方」，並舉《詩經・大雅・公劉》、《詩經・魯頌・閟宮》爲證，鍾柏生暫從島氏所云。島邦男置「亘方」於山西陝西交界，鍾氏從島氏之說。鍾柏生從現有卜辭而言，認爲鬼方於武丁時已非殷之敵，其地望近於太行山北端，太原南方。第一期卜辭中，夷有「夷方」、「夷」、「東夷」三種名稱，婦好、侯告皆伐過夷方。殷伐之夷人分佈於今山東臨淄以南，山東南部、江蘇北部、淮河南北兩岸附近。山東南部、江蘇北部的夷人在殷東，故第一期卜辭稱「東夷」。尚有「牧方」、「弗方」、「[illegible]方」、「[illegible]方」、「[illegible]方」、「[illegible]方」、「[illegible]方」、「矢方」、「卬方」、「[illegible]方」、「[illegible]方」、「[illegible]方」、「[illegible]方」等十三個不知方位的方國。鍾柏生總結上述所云，認爲武丁時期主要敵國在於西方，主要分布在山西中部以南，山西、陝西交界，陝西東部。

另外甲骨卜辭第一期中可見到的「㞢方」，鍾柏生置其於第四期卜辭方國名中，認爲㞢方位於西方，地望不詳。

第二節　島邦男、張秉權、鍾柏生論述的異同點

　　對於武丁時期方國的數量、隸定、方國位置等方面，島邦男、張秉權、鍾柏生三家的說法有差異。

一、在方國數量的部分

　　第一期甲骨方國的數量，島氏認為有三十四個、張氏列出三十七個、鍾氏則列到四十四個之多：

	島氏	張氏	鍾氏		島氏	張氏	鍾氏
1. 舌方	✓	✓	✓	2. 土方	✓	✓	✓
3. 危方	✓	✓	✓	4. 下危	✓	✓	✓
5. 𢀛方	✓	✓	✓	6. 戉方	✓	✓	✓
7. 旨方	✓	✓	✓	8. 羌方	✓	✓	✓
9. 龍方	✓	✓	✓	10. 屮方	✓	✓	✓
11. 𠂤方	✓	✓	✓	12. 湔方	✓	✓	✓
13. 𢎥方	✓	✓	✓	14. 馬方	✓	✓	✓
15. 基方	✓	✓	✓	16. 周方	✓	✓	✓
17. 旁方	✓	✓	✓	18. 盂方	✓	✓	✓
19. 井方	✓	✓	✓	20. 興方	✓	✓	✓
21. 祭方	✓	✓	✓	22. 絴方	∨		
23. 鬼方	✓	✓	✓	24. 虎方	✓	✓	✓
25. 𢦏方	✓	✓	✓	26. 𠂤方	✓	✓	✓
27. 𠂤方	✓	✓	✓	28. 戈方	✓	✓	✓
29. 冓方	✓	✓	✓	30. 𡥈方	✓	✓	✓
31. 矢方	✓	✓	✓	32. 𦍤方	✓	✓	✓
33. 戔方	✓	✓	✓	34. 亘方	✓	✓	✓
35. 夷方		✓	✓	36. 犬方		✓	
37. 御方		✓		38. 見方			✓
39. 鳳方			✓	40. 牧方			✓
41. 弗方			✓	42. 𡿧方			✓
43. 𤇃方			✓	44. 𢁫方			✓
45. 𠂤方			✓	46. 𠂤方			✓

二、在隸定的部分

　　「⿱囟」、「𠂇」、「旨」、「⿱屮土」、「⿰卩」、「御」這六個方國有差異：

　　（一）「⿱囟」的甲骨字形或作「⿱囟」，島邦男經由「⿱囟」作「⿱囟」、「⿱囟」，「⿱囟」作「⿱囟」，認爲「⿱囟方」即「⿱囟方」，又從郭沫若所說，釋「⿱囟方」爲「儿」，故說「儿方」即是「夷方」。張秉權釋「⿱囟」爲巴方。鍾柏生書中字形作「⿱囟方」，未釋此字，然有列出其他學者對於「⿱囟」的隸定，如郭沫若作「儿」、陳夢家釋作「印」、張秉權釋作「巴」。

　　（二）「𠂇」的甲骨字形，在島氏的文章作「𠂇」，和「⿱囟」視爲同一方國。張氏釋作「人」。鍾氏釋爲「夷」，認爲在第一期卜辭中，夷有「夷方」、「夷」、「東夷」三種名稱。

　　（三）「旨（旨）」、「召（召）」是否爲同一方國、同一字，島邦男指出羅振玉釋二字形爲一「旨」字，其後葉玉森、郭沫若、孫海波、于省吾、胡厚宣、楊樹達、陳夢家、李旦上等學者均從羅氏之說；但是島氏卻認爲二者爲異字，不但字形相異，所用時期也不同，第一期有「旨（旨）」，引陳夢家之說，以爲爲「耆」之假借，位於殷西，而第四期的「召（召）」位於西南，實即周代召公奭的采地召城（陝西雍城東有召城），因此召方當指這一帶地方。張秉權僅談到「旨」爲諸侯，即武丁時期的「西史」，卜辭中稱「西史旨」。鍾柏生從島邦男的說法，認爲旨方出現於第一期，爲殷之西史，其地位於西方，召方則出現在第四期卜辭。

　　（四）「⿱屮土」字，島邦男指出羅振玉釋此字爲「糞」、郭沫若釋「基」、陳夢家謂「基方或者是糞方」，郭氏認爲釋「基」是因爲此字從土其聲，疑即箕子所封之箕。島邦男不認同郭、陳之說，因第一期甲骨「土」不作「⊥」，且糞方的地望和⿱屮土方不同。張秉權釋爲「基」。鍾柏生釋此字爲「糞」。

　　（五）關於「⿰卩」，島氏未釋此字，張氏釋作「祭」，鍾氏釋作「⿰卩」。

　　（六）「御」此一方國島邦男的書中並未提及，鍾柏生認爲此現象是因爲島氏將「御」當作是動詞，作爲「抵禦」之解，鍾氏根據《前》5.11.7：「貞：菁于卲方？」認爲「御」釋作爲「卲」，用爲方國名較爲合理。張秉權釋作「御」。

三、在甲骨方國地理位置的部份

　　在甲骨方國地理位置的部份，島邦男、張秉權、鍾柏生三位學者在論述

上的差異較隸定的部分多，例如位於殷西的方國，即會出現「殷西和殷西北」、「殷西和殷西南」、「殷西和殷西北、殷北」、「殷西和殷西南、殷東北」、「殷西和殷北、殷東北」等五種差異，位於殷東的方國，則會出現「殷東和殷東北」、「殷東南和殷南」兩種差異，方位差異上的方國有十一個：

（一）「舌方」、「湔方」、「井方」，島、張列於西北，鍾列於西；鍾柏生認為島邦男將舌方置於山西和陝西的交界大致不差的，但是略偏北些，應在兩省交界中間偏南比較妥當。

（二）「龍方」，島列於西北，鍾列於西；鍾柏生認同島邦男、張秉權之說，會產生方位上的差異是因為鍾氏將方國所在的方位僅分成東、南、西、北四方位，未再細分成西北、西南、東北、東南。

（三）「𢀛方」，島列於北，張列於西北，鍾列於西；島邦男、鍾柏生認為𢀛方和舌方一起入侵殷商屬地，兩方位置應是相近的，島氏因為北偏西而列𢀛方於殷北，鍾氏因為四方位的分法而分入西。

（四）「馬方」，島、鍾列於西，張列於西北。

（五）「基方」，島列於殷西南，張列於殷之東北燕齊之間，鍾列於在殷西；島邦男列基方於河曲、巴蜀之間。鍾柏生定基方於山西榮河、河津縣以西，陝西韓城一帶。

（六）「周方」，島列於西北，張、鍾列於西。

（七）「祭方」，島、鍾列於西，張列於西南。

（八）「鬼方」島列於北，張列於西北，鍾列於西。

（九）「危方」、「下危」，島、張列於東南，鍾列於南。

（十）「旁方」，島、鍾列於東，張列於東北；島邦男認為旁方位於殷東偏僻處，臨渤海。

（十一）「盂方」島列於東北，張列於北，鍾列於西。鍾柏生從征伐盂方的卜辭中，認定和盂方有關係的地名為高、澅、西戉等地，其中「戉」在殷西因而判定盂方在殷西。

第三節　島邦男、張秉權、鍾柏生三家優劣

　　島邦男、張秉權、鍾柏生三家之說只列出武丁時期方國，未再將武丁時期分段，讓本論文有發揮之處，故筆者在此基礎上，羅列出武丁早期的方國，並探究其地理位置。在武丁早期方國地理位置上，有「龍方」、「馬方」、「基

方」等方國，給予本論文探討的空間。

島邦男在探討方國的過程中，有描繪出部分相關的甲骨片，並且推論從某方或某地到某方的日程；但在方國名上多以甲骨文呈現，而沒有隸定。在地理位置上，島氏以卜辭內容爲基準，探究每個方國相對於殷商的位置，部分方國比對於先秦典籍，附上今日相對位置。張秉權在〈人名地名與方國〉第一期的三十四個方國羅列中，並未有「危方」、「亘方」、「戌方」，論及第一期的方國和殷商的友好或敵對關係時，卻在友好的方國之中出現「危方」、「亘方」、「戌方」三方國。犬方、御方羅列於第一期的三十四個方國中，但並未談到它們和殷的關係。對於方國的方位，僅提出確定方位的方國，對於其他學者不認同處，也沒提出見解；故張秉權對於方國的論述則需再參照《殷虛文字丙編》的考釋。鍾柏生討論的方國較其他二書能提供後人對照參考，因所列方國幾乎都有附上現今相對位置，以及部分方國之間的相對關係。鍾氏所排列的方國幾乎都在殷的東、南、西、北四個方位，未再細分東南、東北、西南、西北等方位。

鍾氏在方國的部分比島邦男、張秉權二位多出了「見」、「鳳」、「牧」、「弗」、「[illegible]」、「[illegible]」、「[illegible]」、「[illegible]」、「[illegible]」等九個方國。這九個方國多出的理由合理與否，筆者於此一一探討。

第一，關於第一、三期甲骨卜辭的「見方」，鍾柏生於書中所舉出的辭例，如：

《粹》1292　　丁未卜，□貞：令立見方？一月。（《集》6472）
《丙》126　　丙中卜，𡆥貞：乎見湔[illegible]，弗其羅？（《集》9504 正）
《存下》45　　辛巳卜，𡆥貞：乎見方？六月。（《集》6740 正）
《續》2.25.10　　貞：乎見于𠂤？二月。（《集》4603 正）
《續》2.26.1　　貞：乎見于[illegible]？二月。（《集》8278）
《甲》2815 骨臼　　甲寅帚見阜示七屯。夨。（《集》6768 臼）〔註 4〕

《粹》1292、《丙》126、《存下》45、《甲》2815 骨臼等四條卜辭中，「見」可讀作「獻」，用爲動詞，意思爲「呼令某人獻於某方」；《續》2.25.10、《續》2.26.1 二辭的「見」同樣可當動詞「獻」，或可當人名解讀，意思爲「呼『見』這一個人到某地」，若解釋成「呼『見』這一方國到某地」較不合理，如何呼

〔註 4〕鍾柏生：《殷商卜辭地理論叢》，頁 199～200。

令整個方國的人民到於某地。鑑於「見」字於上述卜辭中的用法，筆者認為「見」不適宜當方國解讀。

第二，鍾柏生提出「鳳方」見於甲骨卜辭第一、四期，其例證如第一期卜辭《前》5.8.4：「癸卯卜，賓貞：⿰⿱⿱⿱于京？」（《集》13523 正）、第四期卜辭《粹》1182：「……卜其⿰鳳方，重……」（《集》30258）〔註5〕，這兩個辭例的「鳳」字字形不同，第一期作「⿰」、第四期作「⿰」。《粹》1182「鳳」字卜辭例：「……卜其⿰鳳方，重……」很明顯為方國名稱，而從《前》5.8.4「⿰于京」很難判定「⿰」為方國名稱，「⿰」在第一期卜辭的其他完整辭例為《集》8996：「貞：乎从⿰⿱（郭）？」卜辭中只能判定「⿰」為地名，然是否隸定為「鳳」並且用作方國名稱，則需要更多、更明確的卜辭辭例為證。

第三，鍾柏生將「牧」列為第一期方國名稱所提出的例證為《拾》5.12：「貞：乎牧方⿰⿱？」〔註6〕（《集》2840）。對於《集》2840 的相關釋文，則有胡厚宣主編的《合集釋文》：「貞：乎帚出……⿰……」〔註7〕、姚孝遂主編《摹釋總集》：「貞乎……⿰……」〔註8〕，《集》2840 拓片如下：

拓片中無法清楚辨識「牧」、「方」的字形，若說「牧」為方國名稱，則需要其他拓片予以佐證。

第四，鍾氏對於「弗方」所提出的辭例為《鐵》245.2：「貞：今⿰乎從望乘伐弗方……」〔註9〕（《集》7538），《集》7538 圖如下：

〔註5〕鍾柏生：《殷商卜辭地理論叢》，頁 219。
〔註6〕鍾柏生：《殷商卜辭地理論叢》，頁 223。
〔註7〕胡厚宣主編：《甲骨文合集釋文》第一冊（北京：中國社會科學出版社，1999年 8 月一版一刷），頁 180。
〔註8〕姚孝遂主編：《殷墟甲骨刻辭摹釋總集》上冊（北京：中華書局，1988 年 2 月一版一刷），頁 84。
〔註9〕鍾柏生：《殷商卜辭地理論叢》，頁 224。

7538

《合集釋文》7538：「貞今𧈪呼比望乘伐弗〔受其又〕」〔註10〕、《摹釋總集》7538：「貞今𧈪呼比望乘伐……弗……」〔註11〕，筆者認爲《合集釋文》、《摹釋總集》所釋之文都有其可能性，因此「弗」恐怕不是一個方國名稱。

　　第五，鍾柏生對於「𒀸」、「𒀸」、「𒀸」所提出的例證，分別爲《ROM》613：「貞：𦥑……𒀸方……」、《謝》2.2：「……𒀸方……」、《合集》：「貞：勿……菁𒀸方」〔註12〕，這三條卜辭皆爲殘辭，「𒀸」、「𒀸」、「𒀸」不一定和「方」連讀，筆者認爲若要證明「𒀸」、「𒀸」、「𒀸」爲方國名稱，則需要更多的例證。

　　第六，鍾氏將「𣫮」視作方國，所提出的例證爲《合集》6661：「……午卜，王取𣫮方……」〔註13〕，其圖如下：

〔註10〕　胡厚宣主編：《甲骨文合集釋文》第一冊，頁417。
〔註11〕　姚孝遂主編：《殷墟甲骨刻辭摹釋總集》上冊，頁188。
〔註12〕　鍾柏生：《殷商卜辭地理論叢》，頁224、226～227。
〔註13〕　鍾柏生：《殷商卜辭地理論叢》，頁227。

圖版中清楚可見「□〔壬〕午卜，王取昏」爲一行，「方」字刻於另一行，很
可能爲另一條卜辭；若兩行爲同一條卜辭，「方」上理當還有一字，不會直接
「昏方」連讀，故「昏」是否爲方國名稱，尚待考證。

第七，鍾柏生視「𡿧」爲方國所舉出的例證爲《合集》6662：「……貞曰：
戊𡿧𡿧方率……弗其伐……」〔註14〕。《合集》6662一辭中「𡿧」確實有作方
國名的可能性，或可列入是否爲武丁時期方國名稱的考察範圍。

關於「見」、「鳳」、「牧」、「弗」、「𡿧」、「𣎴」、「𣏂」、「昏」、「𡿧」等九個
方國鍾柏生認爲出現於甲骨第一期武丁卜辭，經由筆者的考證，除了「𡿧」確
實有作方國名的可能性之外，其餘的若要視作方國名稱，則需更多卜辭例以
示證明。

〔註14〕鍾柏生：《殷商卜辭地理論叢》，頁227。

第三章　武丁時期的戰爭用語

第一節　與戰爭有關的語詞

「國之大事，在祀與戎」，重視祭祀和戰爭是中國早期國家的基本特徵。殷代甲骨卜辭中，祭祀和戰爭的內容相對於其他類的卜辭而言，例如狩獵、農業、氣象等，佔有較大比例。戰爭卜辭的研究是商史研究的一個重要內容，從戰爭卜辭中可以看到當時殷商和外邦的互動情形，以及區域分布的狀況。

本節以李學勤、彭裕商所著《斷代分期研究》中的武丁時期爲研究範圍，試圖依字形或字義的相近度分成「伐」與「𢦏」、「征」與「圍」、「取」與「及」三組戰爭用字，利用這些和甲骨方國有關的字例，探究當時方國與方國之間的戰爭用語，並且討論這些字用於王卜辭和非王卜辭、主詞和賓語之間等字形、字義的異同點。

一、「伐」和「𢦏」的用字法

(一)「伐」

「𢎮」，从戈砍斷人首，隸作「伐」。《說文》:「擊也。从人持戈。一曰敗也。」〔註1〕又《穀梁傳・隱公五年》:「國而曰伐，此一人而曰伐，何也？大天子之命也。」〔註2〕「斬樹木、壞宮室，曰伐。」〔註3〕顯示在文獻中，對

〔註1〕〔清〕段玉裁:《說文解字注》(台北:漢京文化事業出版，1985年10月20日)，頁385。

〔註2〕〔晉〕范甯:《春秋穀梁傳范氏集解》卷二〈隱公〉(隱公七年)(台北:中華

於「國」的攻打行爲才言「伐」，「伐」的程度至斬折樹木、毀壞宮室，即破壞居處大型物，使其在短時間內無法復原，可見其嚴重性。

甲骨第一至五期卜辭中均能見到「伐」，詞性或爲動詞或爲名詞。第一期王卜辭和非王卜辭中用作動詞的辭例，可分成戰爭動詞和祭祀動詞。祭祀動詞的部份爲「㞢伐」、「又伐」的「伐」，此時「伐」的字義爲砍殺人牲的祭祀方法：

《集》954〔註4〕 壬辰卜，爭貞：㞢伐于大甲？

22155 戊戌卜：又伐岳？

如「伐于上甲」即用殺人牲以祭上甲。而「伐某方」的「伐」爲戰爭動詞：

《集》6174 〔丁卯〕卜，㱿貞：翌辛未令伐𢀛方，受〔㞢又〕？（圖1）〔註5〕

20399 乙巳卜：〔令〕弜眔雀伐羌，囚？（圖2）

在「伐某方」的戰爭辭例中，第一期王卜辭與非王卜辭用字例無差異，但是在祭祀動詞「㞢伐」、「又伐」的則有差異，王卜辭用「㞢伐」，而非王卜辭所用者爲「又伐」。《集》20399 一辭有殷將領「弜」、「雀」，可判定爲武丁早期卜辭，顯示「伐」字已用於武丁早期戰爭卜辭。

「伐」作爲名詞使用時，意思是被砍殺的人，爲祭牲，和𢀛、牢、奴等祭祀牲物相當。如：

《集》893 正 㞢于上甲十伐、卯十宰？

22136 癸未卜：𢀛庚妣：伐二十、鬯三十、三十牢、奴三、三𢆶？〔註6〕

另外，「伐」有省體作「[illegible]」，可由同版的二辭證明，如《集》946 正第一辭「來甲寅㞢[illegible]自上甲」，第三辭「來甲寅㞢[illegible]自上甲」。「[illegible]」字形和作「[illegible]」字形的辭例相同，同樣可以用爲動詞和名詞。

書局，1981年），頁7。

〔註3〕《穀梁傳・隱公五年》，頁5。

〔註4〕中國社會科學院歷史研究所編：《甲骨文合集》，郭沫若主編，胡厚宣總編輯（北京：中華書局，1982年一版）。

〔註5〕本論文中所引和武丁時期戰爭有關的圖片，筆者標示（圖1）、（圖2）……的形式，可參附錄。若所引卜辭爲相同者，即標第一個所見圖示編號。

〔註6〕關於「奴」字，筆者從朱師歧祥所釋，詳參朱師歧祥〈釋[illegible]、執同字——兼論執、奴、伐的關係〉，《甲骨文研究——中國古文字與文化論稿》，頁352～359。

（二）「戋」

「屮才」、「屮才」，从戈，才聲，隸作「戋」。《說文》：「傷也。」〔註7〕甲骨文另有「才」、「才」二種字形，多出現於第三期卜辭，習以「亡戋」連讀，詢問的內容以田獵卜辭為主。「才」、「才」字形也可用作第一期卜辭中的方國名，雨化正曾創傷、災害戋方，例：

《集》6648 正　　王固曰：曳既。三日戊子允既。屮才屮才方。

6650 正　　□卜，㱿貞：雨化正受屮又，三旬又〔三〕日戊子

執屮才屮才方？

此時第一個「屮才」雖然隸作「戋」，意思作「創傷」、「傷害」的動詞詞性解釋，第二個「才」字形同樣隸定成「戋」，然用為方國名稱，此方國後成為殷屬地，為殷所同化，不復見於武丁以後的卜辭。

用於戰爭卜辭的「戋」可分成二種用法，一種是置於句末：

《集》248 正　　壬戌卜，爭貞：旨伐舫，戋？（圖3）

6193　　貞：乎見舌，戋？（圖4）

6341　　癸丑卜，爭貞：舌方弗戋？（圖5）

6561　　丁酉卜：令豕征𡇈，戋？（圖6）

第一期甲骨卜辭較常出現單問「戋」的疑問句式，較少見到第三期甲骨卜辭用「屮戋」、「亡戋」的疑問語句。上述《集》6341：「癸丑卜，爭貞：舌方弗戋？」的對貞辭為「癸丑卜，爭貞：奐及舌方？」二辭對照，一辭卜問奐追捕舌方，一辭卜問舌方沒有受到傷害嗎，顯示貞卜的作用是為詢問某一方是否因為某一行為而造成「戋」，受「戋」者可能是主詞，也可能是賓語。另一種用法，將「戋」置於句中：

《集》880 正　　乙卯卜，爭貞：旨戋𤟥？（圖7）

1051 正　　壬辰卜，㱿貞：雀戋祭？（圖8）

6631　　貞：𡠣戋羌、龍？（圖9）

句型為「某戋某」，卜問「某人或某方傷害某人或某方嗎？」，《集》880 反：「王固曰：吉，戋。」看到同版甲骨的正面和反面兩辭例相應，這二辭表示「戋」施行得合理且適當。筆者認為「戋」的卜問，不論用在句末或是句中，主要是詢問做某事的時機是否合宜、是否會形成災害。

「伐」和「戋」二字的不同呈現於使用方法上。首先，在主語的部份就

〔註7〕〔清〕段玉裁：《說文解字注》，頁637。

有階級上的差異。「伐」於戰爭動詞中，此一行為者多數為「王」親自實行，被伐者為方國，實行動作者更有殷王和某方共同執行、殷王呼令將領和某方共同執行，如：

《集》811 正　　癸丑卜，亘貞：王从奚伐卬方？（圖 10）

811 正　　癸丑卜，亘貞：王叀望乘从伐下危？（圖 10）

20399 正　乙巳卜：〔令〕弜眔雀伐羌，田？（圖 2）

「戈」的實行者為將領或附庸邦國，受戈者為另一將領或邦國，如：

《集》6570　　乙酉卜，内貞：子商戈基方？四月。（圖 11）

6845　　☐白冎弗戈森？（圖 12）

再者，通常戰爭的規模可由動員人數多寡、物資、死傷人數等來判斷，不論古今中外皆是如此。「戈」的卜辭中未能見到與規模相關的記載，而「伐」的卜辭中則能見到動員人數，可見「伐」卜辭中特別強調戰爭時動員人數之特殊，《集》6168：「貞：登人三千乎伐舌方受虫又？」《集》6640：「己未卜，敵貞：王登三千人乎伐罘方，戈？」中記載的動員人數，顯示出「伐」的相關卜辭較「戈」的相關卜辭對於戰爭的記錄更為具體。

二、「征」和「圍」的用字法

（一）「征」

「昰」，从口、止。「口」即「圍」，象城郭，从止朝口，象人攻城之形，隸作「正」，讀為「征伐」的「征」〔註 8〕。《孟子》曰：「征者，上伐下也，敵國不相征也。」〔註 9〕《禮記・王制》：「出征，執有罪。」〔註 10〕從經籍中可見「征」的字義為「正」，諸侯有罪，天子討而正之，是上對下的征討行為，此「正」的意思符合甲骨文中「昰」的字義。對於「昰」，《甲骨文字詁林》收集多位學者之說，共有下列六種見解〔註 11〕：第一，讀為「征伐」的「征」；第二，為「及時」的意思；第三，讀為「足夠」的「足」；第四，「征

〔註 8〕　參朱師歧祥：《甲骨文字通釋稿》（台北：文史哲出版社，1989 年 12 月初版），頁 65。

〔註 9〕　〔漢〕趙岐注，《孟子注疏》，卷十四〈盡心下〉（台北：中華書局，1981 年），頁 1。

〔註 10〕　〔漢〕鄭玄注、〔唐〕孔穎達正義，《禮記正義》，卷第十二〈王制〉（台北：中華書局，1981 年），頁 2。

〔註 11〕　詳參于省吾主編：《甲骨文字詁林》第一冊（北京：中華書局，1999 年 12 月一版二刷），頁 790～809。

收」意，即到某地去徵收貢品；第五，「官長」的「長」，為官職；第六，「禜祭」的「禜」，為攘除殃患的祭祀儀式。筆者於戰爭卜辭中所探論之「正（征）」即屬於第一種解讀方式，讀為「征伐」的「征」。

「正」在第一期王卜辭的使用方面，用於動詞和形容詞二種詞類，動詞包含了戰爭動詞和祭祀動詞：

《集》1484 正　貞：正唐？
6322　□酉卜，貞：王正（征）𢀛方，下上若，受我又？一月。（圖 13）
6409　丁卯卜，𣪘貞：今[illegible]廾（登）人五千正（征）土方，受㞢又？三月。（圖 14）
14315 正　貞：正祖乙？

《集》6322、6409 二辭屬於戰爭動詞，為「征某方」之辭例，《集》1484 正、14315 正二辭則屬「正某先祖」句式，「正」為祭祀動詞。第一期非王卜辭《花》449：「辛未卜：白或爯冊，隹丁自征卲？」也可見同於王卜辭中「征」用為戰爭卜詞的用法，可見「征」早在武丁早期已使用。

「正」又用作形容詞，讀為「足」，卜辭或稱「足雨」、或稱「足年」，為充足、完整的意思：

《集》10137　貞：黍年有正雨？
10139　帝令雨正年？

二辭解釋分別為「豐年有充足的雨量嗎」、「帝命令雨充沛整年嗎」。另有在祭牲之後加上「正」之例：

《集》808 正　貞：勿首酌妣癸[illegible]正？
900 正　㞢于祖乙宰正？
1191 正　甲午卜，穷貞：㞢于妣甲一牛正？

朱師認為「正，讀如禎，祥也。」即卜辭卜問用某祭祭某祖，時王有得到禎祥否。〔註 12〕

（二）「圍」

「[illegible]」，从口、从二止，隸作「[illegible]」，讀為「圍」〔註 13〕，或有學者讀為「征」，認為是「[illegible]」的繁體〔註 14〕。「[illegible]」象二人朝向城邑之形，雖然只用二

〔註 12〕朱師歧祥：《甲骨文研究——中國古文字與文化論稿》，頁 185。
〔註 13〕朱師歧祥：《甲骨文字通釋稿》，頁 66。
〔註 14〕參于省吾主編：《甲骨文字詁林》，頁 810～813。

止，其為多人之象徵。《說文》：「圍，守也。」〔註15〕《公羊傳・襄公》：「伐而言圍者，取邑之辭也；伐而不言圍者，非取邑之辭也。」〔註16〕在此段敘述中，見到周代時期，「圍」有「圍取城邑」的意思，此種用法和殷商時期用法相近似。

卜辭習言「圍獸」、「圍方」，顯示出第一期卜辭的「𤰇」字不單單用於征伐卜辭，也可用於狩獵卜辭：

《集》10311　　甲戌卜：王圍，隻（獲）鹿不？

10378　　我弗其圍鹿？

「圍」屬於戰爭動詞時，從卜辭裡看到敵方「圍」商、商「圍」敵方，雙方的攻圍行動皆可使用「圍」字，並沒有因為「主攻者」、「被攻者」在地位上的差異而形成語法的差異，例：

《集》6068正　　癸丑卜，永貞：旬亡囧，七日己丑𡥀友化乎告曰：

舌方圍于我奠豐？十月。（圖15）

20408　　癸酉卜，㱦貞：方其圍今日夕？（圖16）

20440　　〔己〕亥卜，扶：方圍〔商〕☒？（圖17）

20918　　壬寅卜：方其圍，𥄀癸☒？（圖18）

《集》20408、20440 二辭例顯示出在武丁早期的王卜辭中，已有「圍」字的使用。

「征」和「圍」二字在戰爭卜辭的異同點，有二：首先，「征」和「圍」的相同之處在於二字皆可用於第一期王卜辭和非王卜辭，並且在武丁早期已可見；第二，「征」和「圍」的差異處在於主攻國的差異，「征」為商王朝對其他方國所做出的征伐行為，接近《禮記》所載記「出征，執有罪」〔註17〕，諸侯有罪，天子討而正之的意思，殷商國君征討其他不義之國，且「征」多用在形容「商王」的征伐行動；「圍」不受此限制，攻圍者或是商王朝、或是其他方國。

在第一期甲骨卜辭中，「征」和「伐」的用法和辭例極為相近，有學者認為在甲骨卜辭中，從二字所接的方國，無法分辨其中的差異性〔註18〕。然就

〔註15〕　〔清〕段玉裁：《說文解字注》，頁281。
〔註16〕　〔後漢〕何休解詁、〔明〕金蟠訂，《春秋公羊傳何氏解詁》，卷二十〈襄公〉（襄公十二年）（台北：中華書局，1981年），頁1。下以簡易之式標記。
〔註17〕　參本論文，頁40～41。
〔註18〕　《甲骨文字詁林》，頁804。

「征」和「伐」二字的卜辭數量而言，則是有懸殊的差異性，用「伐」的辭例遠多於用「征」的辭例。在征伐對象上，所「征」的方國皆被「伐」過，而被「伐」的方國僅有舌方、土方、下危和夷是被「征」過的，且第一期之後的卜辭，「征」字出現機率次數大於「伐」字的現象，筆者推測在商王朝建立時期，殷商將其他方國視爲商的一部份，日漸抬頭的國家概念使相爭爲強的事件發生，商開始和其他方國互爲敵國，產生「伐」的行爲，暴動方國經過「伐」之後成爲商的附庸國，屬於附庸國的方國發生動亂時，殷商即用「征」的行動平定動亂。在字形演變的部份，「伐」的文字義象有砍殺人頭的意思，「𤲞」有人朝城邑進攻意味，社會愈進步，所使用的方式同樣也會由原始走向文明，即從原始砍殺人頭的行爲到較文明的包圍城牆、進攻城邑，「伐」的行爲雖未完全消失，卻日趨減少。

三、「取」和「及」的用字法

（一）取

「𝝰」，以手執耳，隸作「取」。《甲骨文字詁林》對於「取」的說法分爲四種[註19]：第一，葉玉森認爲從「手」持「𝝰」，當爲「攻」字，用爲進攻或祭祀動詞；第二，商承祚、王襄認爲「取」即《說文》所云「取，捕取也。」第三，同樣釋作「取」，意思爲取得，如溫少峰、姚孝遂等；第四，「取」可讀爲「焣」，通作「櫨」，爲燔柴之祭，如陳夢家、于省吾的說法，或郭沫若同視作祭祀動詞，爲「椒」之省。

第一期甲骨卜辭中，「取」有「取唐」、「取岳」、「取河」等爲祭祀動詞的用法。一般祭祀動詞和賓語之間，會有省略介詞「于」的情況，如《集》1443：「酚大甲」、2915 反：「隹卲兄戊」，祭祀動詞「酚」、「卲」和先公先王「大甲」、「兄戊」之間即是省略介詞的情況，目前可見甲骨中「取」和「先王」、「岳」、「河」之間沒有介詞存在，就是此種省略介詞的用法。又《集》2636 正：「貞：帚好出取？」「貞：隹祖乙取帚？」「貞：隹大甲取帚？」有學者將「取」解釋作「娶」，爲「娶婦」之前卜問於先祖。筆者認爲此「取」同於「卲」的辭例用法較爲合理，「隹」將賓語「祖乙」、「大甲」前置，爲「取某于某」、「卲某于某」的變異句型，解讀成「取帚于大甲」、「取帚于祖乙」，前者屬於求佑的時人，後者是受祭的先王神祇。

[註19] 詳參《甲骨文字詁林》，頁 648～652。

卜辭中「取」也可讀爲「捕取」、「捉取」，常可見「乎取」的動作，「取」的對象有動物、奴隸、某方之人：

《集》7065 乙　□未卜，宕貞：乎取𦥑？（圖 19）

9741 正　乎取女于林？

10976　甲戌卜，𣪠貞：取豕乎网麞于垣？

20230　壬辰卜，扶：令𠭯取𡧊？十月。（圖 20）

由上面所舉之例可以見到「取」字因用法不同，所接的名詞也有的差異。從卜辭內文判斷，「取」字都是當動詞使用，解釋有二種，第一種是祭祀動詞，後接先祖或自然神，第二種是捕取、捉取的動作，取牲獻祭於鬼神河岳，用以求佑，取戰俘以爲戰利品。從《集》20230 一辭中可知武丁早期已有取戰俘以爲戰利品的用法。

另外，「取女」有學者釋爲「娶女」，和其他「取」的卜辭相較而言，「女」指奴隸較爲合理，因爲在其他卜辭中「女」也有用爲奴隸之例，如《集》678：「戊子卜：王出母丙女？」此「女」則爲奴牲，《集》9741 的「乎取女于林」即可解釋爲「乎取某地之女」用以爲奴。

（二）及

「𠬝」从手捉人，隸作「及」。《說文》：「及，逮也。」〔註20〕《甲骨文字詁林》所收入的看法可分爲「反」、「逮」、「追及」、「繼」等四種意見〔註21〕。葉玉森以爲「𠬝」應爲「反」字，象力制人，表力服意，和方國相聯接，有降服屬國的意思；郭沫若解釋爲「逮」，爲逮捕；屈萬里則云「及方」的「及」即「追及」；陳世輝等人講「及」通「繼」，如「及今三月」解釋爲「今三月以後」。

「及」在「及今某月」、「及茲夕」、「及夕」等詞語加上時間詞，意思是「到了某個時候」，未如陳世輝等人通「繼」的說法，若是通「繼」，「及今一月娩」即解釋成「今一月以後生」，無法清楚得知幾月份生娩，形成模糊的敘述方式，此時，將「及」釋作「逮」，語意是「到了今一月生」較爲合理，且清楚的表示時間點，於《左傳》：「逮夜，至於齊，國人知之。」〔註22〕也可

〔註20〕〔清〕段玉裁：《說文解字注》，頁 116。

〔註21〕詳參《甲骨文字詁林》，頁 108～110。

〔註22〕〔晉〕杜預，《春秋左氏傳杜氏集解》，卷二十九〈哀公〉（哀公六年）（台北：中華書局，1981 年），頁 15。

見此種用法。「及」用為動詞，其後接某方：

《集》5873　　☑其夲（執）？允。弗及。（圖21）

6339　　〔貞〕我及舌方？（圖22）

6946正　貞：犬追亘，有及？（圖23）

有「及某方」、「追某方，屮及／亡及」，從「追」、「及」同辭的現象，得知「追」和「及」有分別，「及」的意思並非「追」。又《春秋》：「齊人侵我西鄙。公追齊師至巂，弗及。」〔註23〕可以看到和甲骨卜辭相似的用法，此段話敘述追齊師追到了巂這個地方，但是仍然沒逮到齊師。甲骨卜辭和《春秋》此語相互映證，可看見「追」和「及」的先後關係，先有「追」的動作，而後「有及」或「無及」的敘述或貞問。「及」這個字表達有沒有逮到、抓到，強調以手抓人的動作。

「取」和「及」二者的差異，在於字型方面，「取」的字形從手持耳，象正面捉取，「及」的字形從手捉人，象從後追趕捉取。在卜辭方面，「及」和「追」有同辭之例，或可解讀成「追而及之」，如：

《集》566　　貞：乎追鬲，及？（圖24）

6593　　癸丑卜，貞：雷往追龍，业西及？（圖25）

6946正　貞：犬追亘，有及？（圖23）

卻未見「取」和「追」同辭。相較之下，「取」從正面捕取，強調的是「拿取者」；「及」則從後方追捕，強調的是被追捉者。

「伐」與「戋」、「征」與「圍」、「取」與「及」三組戰爭用字，其中「伐」、「圍」、「取」三個字詞明確使用於武丁早期的𠂤組卜辭，「征」一字詞也可見於武丁早期的花東卜辭，另外的「戋」、「及」二個字詞在此單元裡無法清楚明辨是否用於武丁早期卜辭，在本論文論述方國的其他後續章節中，或可見到用於武丁早期卜辭之例。

第二節　戰爭用詞的語法研究

本節延續上一節，探討第一期戰爭用語「伐」與「戋」、「征」與「圍」、「取」與「及」此三組的語法。武丁時期，「伐」和「戋」在部件偏旁上都從「戈」，有以武器攻擊敵方的意思；另外，「伐」和「戋」在使用方法、戰爭

〔註23〕《公羊傳·僖公二十六年》，頁4。

規模上有所不同。首先，在主語上有階級差異，「伐」於戰爭動詞中，多數爲「王」親自實行，被伐者爲方國，執行動作者爲殷王聯同某方、殷王呼令將領和某方共同執行。又「伐」的卜辭中能見到動員人數之多寡，可見強調其出動人數之特殊。「征」和「圍」在字形上，二字皆從「口」；而在使用上，「征」和「圍」的相同之處在於二字皆可用於第一期王卜辭和非王卜辭，並且在武丁早期已可見；在主攻國上是有其差異性存在，「征」爲商王朝對其他方國所做出的征伐行爲，諸侯有罪，天子討而正之，殷商國君征討其他不義之國；「圍」不受此限制，攻圍者或是商王朝、或是其他方國，且「征」多用在形容「商王」的征伐行動。「取」和「及」在字形、字用的部份有所異同，在字形上這二字都從「又」，「取」從正面捕取，強調的是「拿取者」；「及」則從後方追捕，強調的是被追捉者。這些字或在字形，或在字義有相近似的部份，本文即欲探討其在語法上是否也有相關處。

一、卜辭中「伐」的語法

「伐」在武丁時期的甲骨卜辭中可置於句首、句中、句末，用於辭例的肯定句、否定句。於此分成肯定句句首、肯定句句中、否定句三種類型作爲論述：

（一）位於肯定句句首

置於句首的肯定句句型只有一種，爲「伐某（方）」，是「伐」字例中最少見的句型，例：

《集》519　　乙亥卜，貞：伐羌？（圖 26）

　　6877 正　庚申卜，殼貞：伐嘆𡿧，戈？（圖 27）

此種句型僅出現於甲骨卜辭中的王卜辭，有動詞和賓語，而省略主語，即施行「伐」這動作的人。

（二）位於肯定句句中

「伐」字在使用上，置於句中是其最普遍的句型。又可以分成下列幾種句法：

1.「某人／某方伐某方」

即「主語－動詞－賓語」的句型，見於第一期王卜辭，爲武丁早期「伐」字辭例中已經存在的句型。例：

《集》248 正　　壬戌卜，爭貞：𠂤（旨）伐𦛨（薛），戈？（圖 3）

6560　　　己卯卜：王于來◆（春）伐鬭？（圖 28）

6627　　　己酉卜，䣓貞：王叀北羌伐？（圖 29）

6664 正　甲辰卜，爭貞：我伐馬方，帝受我又？一月。（圖 30）

6878　　　王伐㬎𢦏，戋？（圖 31）

20403　　叀雀伐𢦒？（圖 32）

《集》6560：「王于來◆（春）伐鬭」，雖然在「王」與「伐鬭」之間加上了時間詞，但仍屬「某人伐某方」的句型。雖然《集》6627 整句辭例應讀成「王伐北羌」，卜辭將「伐」字置於句末，爲「主語－助詞－賓語－動詞」的語法結構，即動詞置於句末，用「叀」將王所攻伐的對象爲「北羌」置於「伐」前。《集》20403 辭中「叀」爲發語詞，放置在主語之前，形成「發語詞－主語－動詞－賓語」的句型。

2.「乎某伐某方」

王呼殷將領或號召群眾攻伐敵方，基本爲「動詞 A－賓語 A－動詞 B－賓語 B」的語法結構，此種句型出現於第一期王卜辭，部分卜辭中，句首或省略主語「王」。例：

《集》540　　癸酉卜，䣓貞：乎多𠂤（僕）伐舌方，受业〔又〕？（圖 33）

6412　　辛巳卜，爭貞：今𡆥（春）王升（登）人乎帚好伐土方，受业又？五月。（圖 34）

6931　　庚寅卜，䣓貞：乎雀伐㯥（猶）？（圖 35）

6983　　癸巳卜，䣓貞：乎雀伐望、戋？（圖 36）

《集》6421：「今𡆥（春）王升（登）人乎帚好伐土方」的語法較複雜，爲「時間詞－主語－動詞 A－賓語 A－動詞 B－賓語 B－動詞 C－賓語 C」的語法結構。又「乎某伐某方」句型甚至省略「乎」的對象，即省略主句賓語兼補充語主語（賓語 A）的詞位，直接刻作「乎伐某方」，此時的「乎」便類似以複合動詞的形式出現，其後緊接著一及物動詞「伐」：

《集》542　　甲子卜，䣓貞：乎伐舌方，受〔业〕〔又〕？（圖 37）

6171　　戊寅卜，䣓貞：升（登）人三千乎伐舌方，弗☒？（圖 38）

6173　　癸巳卜，䣓貞：升（登）人乎伐舌□，受〔业〕〔又〕？

（圖 39）

6209　　貞：叀子夌乎伐？（圖 40）

6209　　貞：叀自般乎伐？

6209　　貞：叀呂乎伐舌？

6211　　貞：叀卓乎伐舌？（圖 41）

6226　　庚申卜，爭貞：乎伐舌方，受虫又？（圖 42）

6640　　己未卜，轂貞：王登三千人乎伐龏方，戋？（圖 43）

《集》6171、6173、6640 卜辭中，「𦫵（𠦝）」爲「𤯉（登）」的省體，有徵召、聚集人民的意思，殷王親自召集、招募群眾進行攻伐，或殷王聚集群眾以協助將領進行攻伐。《集》6209「叀子夌乎伐」、「叀自般乎伐」、「叀呂乎伐舌」、《集》6211「叀卓乎伐舌」，此類屬「助詞－賓語 A－動詞 A－動詞 B－（賓語 B）」的倒裝句型，以「叀」字強調「乎」的對象，即帶兵的將領名稱，此應理解成「乎某伐」，爲「乎子夌伐」、「乎自般伐」、「乎呂伐舌」、「乎卓伐舌」，《集》6209「叀子夌乎伐」、「叀自般乎伐」更省略了攻伐的對象「舌」。

3.「令某伐某方」

殷王命令某將領進行攻伐某方的行動，於武丁早期已有此種句型。例：

《集》6960　　　壬子卜：王令崔𤔲伐昇？（圖 44）

　　　　19957 正　辛未：王令弜伐先咸☐？（圖 45）

此句型和「乎某伐某」相似，同樣是「主語－動詞 A－賓語 A－動詞 B－賓語 B」的語法結構，偶有省略主語或被呼令的對象「賓語 A」的情形，讓「令伐」一詞形成類似複合動詞形式，例：

《集》540　　　☐辰卜，轂貞：翌辛未令伐舌方，受虫又？一月。

　　　　（圖 33）

　　　20505　　庚戌：王令伐旅帚？五月。（圖 46）

　　　21035　　☐令伐延？（圖 47）

4.「从某伐某方」

筆者認爲「从某」較「比某」合適，因《爾雅・釋詁》：「適、遵、率、循、由、從，自也。」〔註24〕又《說文解字注》「从」字例下，段玉裁注云：

〔註24〕周祖謨：《爾雅校箋》，卷上〈釋詁第一〉（昆明：雲南出版社，2004 年 11 月一版一刷），頁 5。

「今之從字，從行而从廢矣。」《說文》:「從，隨行也。」〔註25〕故可解釋作自某地去攻伐其他方國，或可以解釋成隨行某方或某方的將領攻伐其他方國。例如：

《集》811 正　癸丑卜，亘貞：王从奚伐卬方？（圖 10）

6416　丁巳卜，㱿貞：王叀沚戓从伐土方？（圖 48）

6479 正　壬申卜，爭貞：令帚好从沚戓伐卬方，受㞢又？（圖 49）

6480　辛未卜，爭貞：帚好其从沚戓伐卬方，王自東罙伐𢦏，陷于帚好立？（圖 50）

6519　辛丑卜，㱿貞：今𢀛乎从望乘伐下危，受㞢又？（圖 51）

6937　乙酉卜，貞：乎亩从沚伐〔𤡆（猶）〕？（圖 52）

此種句型爲殷王、殷將領或殷王呼令其將領跟隨某方、從某地出發去進行攻伐的行動，有「主語－動詞 A－賓語 A－動詞 B－賓語 B」的語法結構，例如《集》811 正、6416，也有「動詞 A－賓語 A－動詞 B－賓語 B－動詞 C－賓語 C」的語法結構，如《集》6479 正。《集》6416「王叀沚戓从伐土方」屬倒裝句，應理解成「王从沚戓伐土方」，爲了特地強調王所从的是「沚戓」，而將「沚戓」置於「从」之前。「从某伐某方」的卜辭句法除了在第一期的王卜辭出現，另外在一期附非王卜辭、花東非王卜辭中也可以見到：

《集》19773　庚戌卜：令从𤞷伐𢀛？（圖 53）

《花》237　辛未卜：丁隹好令从〔白〕或伐卲？

275　辛未卜：丁〔隹〕子〔令〕从白或伐卲？

上二辭應理解成「丁令好从白或伐卲」、「丁令子从白或伐卲」，以「隹」字強調「丁」所令的對象是「帚好」和「子」，《花東》標示賓語前置的字是語詞「隹」，不同於第一期王卜辭常態以「叀」字作爲標示。

5.「王往伐某方」

此依句型僅出現於王卜辭，爲「主語－複合動詞〔註 26〕（往伐）－賓

〔註25〕〔清〕段玉裁：《說文解字注》，頁 390。

〔註26〕「所謂複合動詞，即一句中運用兩個動詞共同修飾一個主語，藉此以強化全句的語意重心，並擴闊主語的活動能力。」詳參朱師歧祥：《殷墟卜辭句法論稿》（台北：台灣學生書局，1990 年 3 月初版），頁 306～313。

語」。例：

  《集》614 貞：叀王往伐舌方？（圖 54）

    6177 正 戊辰卜，夸貞：登人乎往伐舌方？（圖 55）

    6209 貞：叀王往伐舌？（圖 40）

從目前所見的第一期卜辭內容而言，「王往伐某方」在主語的部份只有「王」一人，筆者認為在武丁時期，「往伐」一詞僅限於「殷王」使用，強調殷王親自攻往他方的行動。

（三）位於否定句

  「伐」字在否定句中，用於否定詞「勿」字之後，為「勿伐某方」的句型，語法即「（主語）－否定詞－動詞－賓語」。例：

  《集》6272 貞：勿伐舌，帝不我其受又？（圖 56）

    6513 丙申卜，敝貞：今\u2640王勿伐下危，弗其受\u51fa又？（圖 57）

    6541 貞：勿伐\u5171方？（圖 58）

    6547 貞：王勿伐\u7b69？（圖 59）

辭例中或省略主語的部分。此種句型見於王卜辭，主要貞問是否不要進行攻伐較為合宜。否定詞在複合句中，「勿」或「勿隹」多用於前句，即主句部份；而「不」或「弗」多用於後句，即副句部份，如《集》6272、6513。

二、卜辭中「戋」的語法

  「戋」在武丁時期王卜辭中，可放置於肯定句和否定句的句中、句末，未見位於句首的辭例。於此分成位於肯定句句中、否定句句中二種句型論述：

（一）位於肯定句句中

  「戋」在肯定句句中主要以「某人／某方戋某人／方」的形式呈現，即「主語－動詞－賓語」的語法結構，例：

  《集》151 正 貞：叀㸚化戋方？（圖 60）

    880 正 乙卯卜，爭貞：旨戋瞿？（圖 7）

    6293 癸酉卜，貞：今夕\u5351戋舌方？（圖 61）

    6373 □□卜，敝貞：舌方允戋戉？（圖 62）

    6566 正 壬辰卜，敝貞：戉戋湔方？（圖 63）

6631　　　　貞：𡥄戈羌、龍？（圖 9）

6653 正　　辛酉卜，㱿貞：雨正化戈𣪊？（圖 64）

6897　　　　☐㱿貞：我☐戈衛在𢼸？（圖 65）

20404　　　甲午卜，叶：羌戈弜？（圖 66）

從上述卜辭中，得知「戈」的主語或賓語不限於單一個體，可以是一對一或是一對二等的形式，這種卜辭最早可以見於武丁早期。《集》6293 於「主語－動詞－賓語」的語法結構外，尚在主語之前加上了時間詞。《集》6373 在主詞「舌方」和動詞「戈」之間，有個「允」字，「允」在卜辭中大多數是用於驗詞，然此辭例則用在占辭，筆者認為或可解讀成此辭在卜問「舌方是否真的戈戍」。《集》6897 在「主語－動詞－賓語」之後，還加上了進行「戈」的地點，解讀成「殷戈衛在𢼸地」，為「主語－動詞－賓語 A－介詞－賓語 B」的語法結構。而「主語－動詞－賓語」的語法結構，在部分辭例中，會在主語和動詞之間加上助詞「其」字，例：

《集》6366　　　舌方其戈彔？（圖 67）

6655 正　　　☐丑卜，㱏貞：𣪊戈化？（圖 68）

20442　　　辛卯卜，王貞：弜其戈方？（圖 69）

（二）位於否定句句中

「戈」在否定句中，其所用的否定詞有「弗」、「不苜」、「毋」三種。在否定詞和動詞「戈」之間，常會出現助詞「其」，「其」字加重了疑惑的語氣。這種辭例為「主語－否定詞－（助詞）－動詞－賓語」的句法，此種句法中，偶有助詞「其」。例：

《集》151 正　　貞：雨正化弗其戈？（圖 60）

6571 正　　壬寅卜，㱿貞：子商不苜戈基方？（圖 70）

6655 正　　☐雨正〔化〕弗戈𣪊？（圖 68）

6771 正　　貞：方弗戈我史？（圖 71）

6771 正　　我史弗其戈方？

6834 正　　癸亥卜，㱿貞：我史毋其戈缶？（圖 72）

6938　　　　貞：亶不〔苜〕戈楊（猶）？（圖 73）

上引《集》151 正的動詞「戈」位於句末，對照於同版另一辭「貞：雨正化戈方？」（圖 60）可知此辭省略了「戈」的對象。否定詞「不苜」意思為「不得不」、「不可不」，「苜」字雖然有否定意義，然在用法上僅為一個語詞，或具

有加強其前一否定詞的功能。〔註27〕

三、卜辭中「征」的語法

「征」在武丁甲骨卜辭中，用於肯定句、否定句的句中和句末。於此分成肯定句句中、否定句句中、肯定句及否定句的句末三種形式作爲論述：

（一）位於肯定句句中

「征」於甲骨卜辭肯定句句中的辭例，見於第一期王卜辭及花東非王卜辭。例：

《集》6307　　貞：乎征舌方？（圖74）

《集》6313　　貞：叀王征舌方？（圖75）

6409　　丁酉卜，殻貞：今㞢王廾（登）人五千征土方，受 㞢又？（圖14）

6459　　壬午卜，宁貞：王叀帚好令征人（夷）？（圖76）

6460正　　貞：王叀戌（侯）告从征人（夷）？（圖77）

6928正　　甲申卜，王貞：余征𧊜（猶）？六月。（圖78）

《花》449　　辛未卜：白或再冊，隹丁自征卲？

《集》6307「乎征舌方」爲「（主語）－動詞A－動詞B－賓語」的語法結構，句中省略了主語「王」，「乎征」在此種辭例中應看似作複合動詞使用，因爲在目前所見第一期卜辭中，「乎征」一詞之間省略了賓語，即沒有「乎某征」之辭例。《集》6313「叀王征舌方」、6928「余征𧊜（猶）」、《花》449「隹丁自征卲」爲「主語－動詞－賓語」的語法結構，《集》6313、《花》449在主語之前加上了發語詞「叀」和「隹」，《花》449則強調爲王親自進行「征」的行爲。《集》6409「今㞢（春）王廾（登）人五千征土方」的語法爲「時間詞－主語－動詞A－賓語A－數詞－動詞B－賓語B」，殷王徵召、聚集人民五千以征討土方。《集》6459「王叀帚好令征人（夷）」、6460「王叀戌（侯）告从征人（夷）」的語法結構相同，都是「主語－助詞－賓語A－動詞A－動詞B－賓語B」，句中的助詞「叀」標示出賓語置於動詞之前，應解讀成「王令帚好征人（夷）」、「王从戌（侯）告征人（夷）」。

〔註27〕詳參朱師歧祥：《殷墟卜辭句法論稿》（台北：台灣學生書局，1990年3月初版），頁139～142。

（二）位於否定句句中

「征」在否定句中，前面所接的否定詞為「勿」或在「勿」的後面加上助詞「隹」。例：

《集》6317 癸丑卜，𣪊貞：勿隹王征舌方，下上弗若，不我其受又？（圖79）

6448 貞：勿征土方？（圖80）

在複合句《集》6317中，「勿隹」用於前句，即主句部份；而「不」和「弗」用於後句，即副句部份；主句的句法為「否定詞－（助詞）－主語－動詞－賓語」。《集》6448應是省略主詞，形成「否定詞－動詞－賓語」的語法結構。

（三）位於肯定句及否定句句末

此處筆者多舉對貞句型，用以互相參照，例：

《集》6442 乙卯卜，𣪊貞：王重土方征？（圖81）

6444 貞：王勿隹土方征？（圖82）

6583 王重人（夷）征？（圖83）

6583 勿隹人（夷）征？

6657正 丙辰卜，㱿貞：王重周方征？（圖84）

6657正 貞：王勿隹周方征？

6828正 庚寅卜，爭貞：旨征，夒？（圖85）

6828正 貞：旨征，不其夒？

《集》6442、6583、6657正的肯定句句法為「主語－助詞－賓語－動詞」，皆以助詞「重」標示賓語「某方」前置，強調「征」的對象。《集》6444、6583、6657正的否定句為「主語－否定詞－助詞－賓語－動詞」的結構，或省略肯定句中已出現的主語部份，如《集》6583。在肯定句和否定句中，標示賓語前置的文字不同，在肯定句中用「重」，否定句中則使用「隹」，如《集》6583、6657正。《集》6828正在主句的部份為「旨征」，僅有「主語－動詞」的部份，是否有缺少賓語或賓語為何則不得而知。

四、卜辭中「圍」的語法

前述「征」、「伐」字中，所指涉的對象都是方國，但是「圍」的對象不一定是方國，也可以是人。在第一期甲骨卜辭中，可置於句中和句末。此分

成肯定句句中、肯定句句末、及否定句三種形式作爲論述：

（一）位於肯定句句中

「圍」在肯定句句中的形式，又有「圍某」、「圍于某地」、「隻（獲）圍某方」三種：

1.「圍某」

這種句型基本上爲「主語－動詞－賓語」的結構，在武丁早期已有這種句型出現。例：

《集》6752　癸亥卜，王：隹㛯，其圍方？（圖 86）

20531　癸酉卜，王貞：羌其圍沚？（圖 87）

20393　癸亥卜：亘其夕圍雀？（圖 88）

《集》6752「隹㛯，其圍方」中「㛯」一字字義不解，「其圍方」省略了主語，而在動詞「圍」之前加上了助詞「其」，形成「助詞－動詞－賓語」的模式。《集》20531 同樣也是在句中加上了助詞「其」，爲「主語－助詞－動詞－賓語」語法結構。《集》20393 則是在主語後、動詞前加上時間詞，成爲「主語－助詞－時間詞－動詞－賓語」的語法結構。

2.「乎 / 令圍」

此種句型基本上爲殷王乎或令其將領去執行「圍」的動作。例：

《集》6305　貞：乎圍舌方▨？（圖 89）

6946　貞：乎雀圍目？（圖 23）

20398　丁未卜：令圍，圍𡠾、禽？（圖 90）

20451　丁巳卜，王貞：四卜，乎从圍方？允隻（獲）。（圖 91）

20502　庚子卜：乎圍歸人于衒，戈？（圖 92）

《集》6305 的語法爲：「動詞 A－動詞 B－賓語 B」；《集》6946 爲「動詞 A－賓語 A－動詞 B－賓語 B」；《集》20398 分成二句，第一句爲「動詞 A－動詞 B」，第二句爲「動詞 B－賓語 B」；《集》20451「乎从圍方」爲「動詞 A－動詞 B－動詞 C－賓語 C」，句中省略「乎」、「从」的對象；《集》20502 爲「動詞 A－動詞 B－賓語 B－介詞（于）－賓語 C」，句中「于衒」紀錄事件的地點。上述句例皆省略了進行乎令的人，即省略主語。除了《集》6946 以外，其他的句子連乎令的對象，即賓語 A 也省略。

3.「圍于某地」

此種句型爲某方包圍於某地。例：

《集》6057 正 癸巳卜，殼貞：旬亡囚？王固曰：出〔希〕，其出
來艱。乞至五日丁酉，允出來〔艱自〕西。沚馘告
曰：土方圍于我東啚，〔戈〕二邑，舌方亦㞢我西
啚田。（圖93）

6068 正 癸未卜，永貞：旬亡囚？七日己丑，𠂤友化乎告曰：
舌方圍于我奠豐。十月。（圖15）

6352 戊寅卜，宁貞：今𥄎（秋）舌方其圍于𧊾？（圖94）

6677 □丑卜，王：方其圍于商？十月。（圖95）

句例中的「土方圍于我東啚」、「舌方圍于我奠豐」、「今𥄎（秋）舌方其圍于
𧊾」、「方其圍于商」基本上爲「主語－動詞－介詞－賓語」的語法結構。《集》
6057 正、6068 正，分別爲「沚馘」和「𠂤友化」向商王室報告外邦來犯的狀
況，紛紛受到土方和舌方的包圍。從卜辭中可見「沚馘」與「土方」的地理
位置相近，「𠂤友化」和「舌方」的地理位置相近。《集》6352 在主語「舌方」
之前加上了時間詞「今𥄎（秋）」，「舌方」之後加上了助詞「其」，形成「時間
詞－主語－助詞－動詞－介詞－賓語」的語法結構。《集》6677 同樣也在主語
和動詞之間加上助詞，爲「主語－助詞－動詞－介詞－賓語」的語法。

4.「隻（獲）圍某方」

此種句型的基本句法爲「主語－複合動詞－賓語」。例：

《集》6452 甲寅卜，□貞：戈其隻（獲）圍土方？一月。（圖96）

6749 □酉卜，□貞：弜出㓝，隻（獲）圍方？（圖97）

6906 庚戌卜，王貞：弜其隻（獲）圍𠃬方，在東？一月。（圖
97）

「隻（獲）圍」一詞在卜辭中連用的情形普遍，「隻（獲）」和「圍」之間並
無賓語存在，故應看作複合動詞，前後兩個動詞文意並不同，二者以衡等的
方式表示兩動作同時進行。卜辭中也可以看到「圍隻〔獲〕」一詞用於田獵卜
辭，如《集》10311：「甲戌卜：王圍隻（獲）鹿不？」，可見「圍隻（獲）」的
對象可以是方國、方國之人、動物。《集》6452、6906 在主語後、動詞前加上
了助詞「其」，形成「主語－助詞－複合動詞－賓語」的語法，也可看出這種
句型的主語不限定爲一方國或單一人。

（二）位於肯定句句末

「圍」在卜辭句末的例子如下：

《集》6　　　癸未卜，宁貞：馬方其圍，在沚？

　　　20408　癸酉卜，自貞：方其圍，今日夕？（圖16）

　　　20414　辛酉卜：方其圍，今日不？（圖99）

　　　20414　方于癸圍？

　　　20557　辛未卜，扶：勿乎彈圍？十一月。（圖100）

在《集》6、20408、20414「圍」字句的句法看似爲「主語－助詞－動詞」，句中的「其」字有標示倒裝的作用，其實應理解成「圍馬方」、「圍方」，爲倒裝句型，句中省略了主語，直接詢問圍馬方或方是否合宜。《集》20557「勿乎彈圍」省略主語「殷王」，爲「否定詞－動詞A－賓語A－動詞B」。

（三）位於否定句

卜辭中和「圍」同辭例所用的否定詞有「弗」和「不」二字。例：

《集》6451　　貞：弗其隻（獲）圍土方？（圖101）

　　　6680　　貞：方不我圍？（圖102）

　　　6905　　壬寅卜，見弗隻（獲）圍重？（圖103）

　　　6986　　貞：雀弗其隻（獲）圍屮？（圖104）

　　　20412　丙申卜：自今五日方衣，不圍衣？（圖105）

　　　20426　庚子卜，勺貞：辛丑方不其圍？十二月。（圖106）

　　　20475　辛酉卜：大方不其來圍？七月。（圖107）

　　　20506　乙亥卜：亘不圍于彭？（圖108）

《集》6451、6905、6986所用的否定詞爲「弗」，出現的動詞不單只是「圍」一字，而是使用「隻（獲）圍」，並且在這三個辭例中都有賓語存在，「隻（獲）圍」的連用，爲及物的複合動詞，形成「主語－否定詞－（助詞）－複合動詞－賓語」的語法結構，句中或有助詞「其」。《集》6680「方不我圍」的語法結構是「主語－否定詞－賓語－動詞」，應爲「方不圍我」的倒裝句型。《集》20426「辛丑方不其圍」爲「時間詞－主語－否定詞－助詞－動詞」的語法結構，此句應理解成「在辛丑日不圍方嗎」，同樣爲倒裝句型。《集》20475「大方不其來圍」語法結構爲「主語－否定詞－助詞－動詞A－動詞B」，對照同版另一辭「丙子卜：小方不其圍」，可知「來圍」應是「來某地圍」，即「不來圍大方嗎」、「不圍小方嗎」的倒裝卜問句型。《集》20506「亘不圍于彭」

為「主語－否定詞－動詞－介詞－賓語」的語法形式，卜問「亘不圍于彭這一地方嗎」。

五、卜辭中「取」的語法

「取」在戰爭卜辭中，所取的對象為「某方」或「某方的人」。於卜辭中置於句中和句末，可以用在肯定句和否定句。下列論述分成肯定句句中、肯定句句末和否定句三種：

（一）位於肯定句句中

「取」在肯定句句中的辭例，一部分為「取某」，另一部分為「令／乎某取某」。「取某」例：

《集》6754　辛亥卜，貞：毋其取方？八月。（圖109）

　　　7063　壬子卜：取雝？（圖110）

上述辭例句型為「取某方」，基本語法是「（主語）－動詞－賓語」，句中的主語或可省略。《集》6雖然省略了主語，但是此辭有點出「取」的地點「凸」，形成「動詞－賓語A－介詞－賓語B」的語法形式。《集》6754「毋其取方」在主語和動詞間有助詞「其」，以加重疑惑的語氣，此語法為「主語－助詞－動詞－賓語」。又「令／乎某取某」的辭例如下：

《集》4954　　貞：令良取何？（圖111）

　　　6567　　丁亥卜，亘貞：乎取呂？（圖112）

　　　6987　　貞：乎取屮（光）白（伯）？（圖113）

　　　7061正　貞：乎取亳、宁？（圖114）

　　　7064　　辛丑卜，亘貞：乎取彭？（圖115）

　　　20630　壬辰卜，王貞：令陕取馬、宁，涉？（圖116）

此種句型中或省略主語，語法結構為「（主語）－動詞A－賓語A－動詞B－賓語B」，被乎令的對象，即「賓語A」也時有省略情形。

（二）位於肯定句句末

「取」在肯定句句末的辭例如下：

《集》840　　乎羌取？（圖117）

　　　8850　　叀陕乎取？（圖118）

　　　20632　己未卜，王：叀匿令取？（圖119）

《集》840：「乎羌取」一辭中省略了主語和「取」的對象，形成「（主語）－

動詞 A－賓語 A－動詞 B」的語法結構。《集》8850「叀陕乎取」、20632「叀匚令取」的語法爲「助詞－賓語－動詞 A－動詞 B」，助詞「叀」標示出賓語前置，這二個句例應爲「乎陕取」、「令匚取」的倒裝句型，句中省略了主語，即行使「乎」的人，也省略了「取」的對象，可見此種卜問，主要是卜問行使「取」的人是否合宜。

（三）位於否定句

「取」的否定句中，所用的否定詞爲「勿」，例：

  《集》6987 正 貞：勿取屮（光）白？（圖 115）

    7063   壬子卜：勿取雍？（圖 112）

基本句法爲「否定詞－動詞－賓語」，句例中不見行使「取」的人，主要僅卜問「取某」的動作適當與否。

六、卜辭中「及」的語法

「及」在甲骨卜辭中置於句首、句中、句末，用在肯定句和否定句。於此分成位於肯定句句首、肯定句和否定句句中、肯定句和否定句句末三種加以探討：

（一）位於肯定句句首

「及」於戰爭卜辭中，用在肯定句句首有一辭例《集》6592：「及龍方？」此句語法爲「動詞－賓語」的結構，未見主語的部份。

（二）位於肯定句和否定句句中

「及」在肯定句與否定句句中的辭例如下：

  《集》6339   貞：我及舌方？（圖 22）

    6341   癸丑卜，爭貞：奠及舌方？（圖 5）

    6943   甲戌卜，穀貞：我、馬及重？（圖 120）

    6943   貞：弗其及重？

    7076 正 戊寅卜，穀貞：重及𢆶？（圖 121）

    7076 正 戊寅卜，穀貞：弗其及𢆶？

    11003 癸酉卜，峕貞：乎伲取虎于敎昌？（圖 122）

    20457 癸丑卜，王貞：𡧊其及方？（圖 123）

「及」在肯定句句中的基本語法爲「主語－動詞－賓語」的結構，如《集》6339、6341、6943、7076，在《集》6943「主語」的部分呈現兩個主語，即

「我」和「馬」二方，卜問「我方」、「馬方」是否有逮捕到「車」。《集》20457
的語法爲「主語－助詞－動詞－賓語」的結構，在主語「車」和動詞「及」之
間加上助詞「其」，顯現出卜辭的不確定性。「及」在否定句句中的語法爲「否
定詞－助詞－動詞－賓語」，和同版對貞的辭例相對比，可知省略肯定問句中
已有的主語。

（三）肯定句和否定句句末

「及」位於句末的辭例，出現在肯定句和否定句。例：

《集》566　　　貞：乎追劒（寇），及？（圖24）

6594　　　癸丑卜，貞：車往追龍，從☆西及？（圖124）

6946 正　貞：犬追旦，㞢及？（圖23）

6946 正　犬追旦，亡其及？

上述辭例皆分成主句、副句兩部分，如「車往追龍，從☆西及」一辭，「車往
追龍」爲主句，「從☆西及」爲副句，句末的「及」都位於卜辭副句的部分，
辭例卜問某方追另一方是否有逮到，副句和主句共同使用主語、賓語。

七、「伐」、「戋」、「征」、「圍」、「取」、「及」在使用上的差異

「伐」、「戋」、「征」、「圍」、「取」、「及」這六個和戰爭、方國相關的動
詞，其語法如前所述。根據句型、語法的對照，有下列的差異性：

用字差異	伐	戋	征	圍	取	及
施行者（主語）	殷　王 殷將領 方　國	殷將領 方　國	殷　王 殷將領	殷將領 方　國	殷將領	殷將領 方　國
受　者（賓語）	方　國	殷將領 方　國	方　國	封　地 方　國	他族人 方　國	他族人 方　國
王／非王	王 非王	王	王 非王	王	王	王
地　點	無	有	無	有	有	無
否定詞	勿	弗 不　茍 毋	勿	不 弗	勿	亡
複合動詞	往　伐	＊	乎　征	獲　圍	＊	＊

在「施行者」的部份，即施行「伐」、「𢦏」、「征」、「圍」、「取」、「及」動作者，屬於卜辭中的主語或是被乎令的對象，有殷王、殷將領和方國。「伐」的主語爲殷王、殷將領和方國；「征」的主語爲殷王、殷將領；「𢦏」、「圍」、「及」的主語爲殷將領和其他方國；「取」的辭例中常省略主語，只見被乎令的殷將領去進行「取」的動作。筆者認爲「施行者」這六個戰爭用字有程度上的分別，「征」的層級最高，屬於記錄殷王、殷將領的戰爭行爲所使用；第二層級爲「伐」，除了於殷王、殷將領以外，在其他方國的戰爭行爲敘述上也可以使用。第三層級爲「取」，爲記錄殷將領或王命令殷將領捕取他方之人時所使用，此層級以後，包括此一層級都不是殷王親自進行的行爲，殷王在此等戰爭卜辭中，僅爲發號施令的人。第四層級爲「𢦏」、「圍」、「及」，記錄了殷將領和殷以外的方國的戰爭行爲。

在「受者」的部份，即接受「伐」、「𢦏」、「征」、「圍」、「取」、「及」動作者，常屬卜辭中的「賓語」。「伐」、「征」的賓語皆爲殷以外的方國；「𢦏」的賓語爲殷將領、殷以外的方國，即「受者」的部份，可以是單一個人，也可以是方國；「圍」的賓語爲某將領的封地或是某方國，是有地方性、有範圍的進行；「取」、「及」的賓語爲他族人、方國，這裡的「他族人」指的是某方的君長或是流亡之人，如「□（光）白（伯）」、「□（寇）」等。且從「受者」大都可以推測攻伐行動的規模，由「伐」、「征」的受者爲方國，規模最大，爲方國之間的戰爭；到「圍」的規模，大規模可以是方國，小規模到某將領的封地；再到「𢦏」的受者殷將領、殷以外的方國，「𢦏」的規模大至其他方國，小至他方對殷將領的𢦏害，較包圍將領的規模小；最後是「取」、「及」的規模，大規模可以到方國，小規模到他族之人，又較𢦏害殷將領的規模低些，可能只是捉捕他方之人。

在王卜辭和非王卜辭的部份，僅有「伐」和「征」同時在王卜辭與非王卜辭中都有使用。「伐」在非王卜辭中的辭例，有《花》237：「辛未卜：丁隹好令从〔白〕或伐卲？」275：「辛未卜：丁〔隹〕子〔令〕从白或伐卲？」辭例中，丁命令帚好、子从白或伐卲；在王卜辭中同樣也可見到王命令帚好進行「伐」的辭例，如《集》6479 正：「壬申卜，爭貞：令帚好从沚戠伐印方，受㞢又？」6480：「辛未卜，爭貞：帚好其从沚戠伐印方，王自東□伐□，陷于帚好立？」從卜辭中命令帚好的人爲丁和殷王，由此推測，丁和殷王可能是同一人。「征」在非王卜辭中的辭例爲《花》449：「辛未卜：白或爯冊，

隹丁自征邵？」在非王卜辭中，不論「伐」或「征」的對象皆爲「邵」，可見「邵」爲花東時期的敵方。於此可證明「征」這一字詞於武丁早期已開始使用。

　　在進行攻伐地點的部份，「伐」、「征」未記錄地點所在，因「伐」與「征」的對象爲方國，進行的地點即那一方國所在地，不需另外記錄地點。「戔」、「取」、「及」因對象有可能是人，所以記錄了那一人或那一群人所在的地方；「圍」的對象爲將領封地或方國，在卜辭中或會記錄在包圍哪個地方。

第四章　武丁早期征伐方國考

　　武丁時期可分爲早、中、晚三個時期。就貞人集團分界，可分爲自組、自賓間組、自歷間組、賓組和歷組，其中自組爲武丁早期，自賓間組爲武丁中期仍偏早，和自組卜辭有銜接關係，賓組爲武丁中期至中晚期的卜辭，歷組卜辭屬於武丁中晚期至晚期卜辭。本章節以自組卜辭爲研究範圍向外擴展，聯繫和其相關的人、事、物。自組卜辭即以貞人「自」爲名，和「自」同期的貞人有「扶」、「勹」、「叶」等人，並且有商王親自貞卜之辭例。在卜辭中，同一代人之間會有較多同版的現象，交接的世代人則會有少數同版的現象，隔代人之間應該不會有同版現象發生，由此點可將同版、同一事件多在一起的人歸爲同一時代。

第一節　主要臣屬

一、自組卜辭所見時人

　　《甲骨文合集》第七冊中，除自組卜辭以外，其餘卜辭皆爲非王卜辭，自組卜辭和非王卜辭時代相近，它們之間可以用「貞人」相以區隔，也可用「人名」、「稱謂」等以示分別。藉著自組卜辭中所出現的人物，對照於同樣人物在賓組卜辭，探討其於武丁早期的活動現象。

　　（一）「𢼸（医）」

　　「医」，僅出現在自組卜辭中，爲標準的武丁早期將領名稱，曾協助商王獲取及追捕其他方國，如「羌」、「𠂤」、「方」：

《集》20194　甲寅卜，自：叀医令？

　　20204　丙辰〔卜〕：医希〔戈？〕？

　　20413　丁巳卜：医其見方，弗冓？

　　20494　戊午卜：医步，从方？

　　19754　己未卜，叶貞：医隻（獲）羌？

　　20202　辛酉卜：隹方□医？

《集》20191　辛未卜，王貞：隹医今其受又，來重？

　　20207　隹医衜？

　　20444　壬寅卜：医于□圍方，戈？

　　20456　戊申〔卜〕：医弗及方？三月。

　　20458　□□卜，〔王〕：医追重，弗其隻（獲）圍，弗及方？

　　20461　☑令医追方？

　　《集》20194、20204、20413、20494、19754、20202 這六辭是在八天內所發生的一聯串事件，從甲寅日一直到辛酉日，由令医、医希某方或某人、医見方、医从方、医獲羌，到方對医有所動作。《集》20194「叀医令」的「叀」在卜辭中，往往將賓語前置，而省略主語「王」，此辭即理解爲「（王）令医」。

　　《集》20204：「丙辰〔卜〕：医希〔戈？〕？」「希」在甲骨卜辭中多爲先祖妣、自然神降災禍給活著的人，但是也是有王令某人希某方之例，其中作希者即是活人，如《20469》：「丁酉卜，王：令重希方？」就「医」這幾天之內的動作，其非死去的人，而是活著的人，商王命令医去作希於他人。《集》20204記載医希我方，既有不利於我方，商王則出兵攻打医，而後医歸順於商王朝。

　　《集》20191「來重」的「重」用爲地名：

　　《集》20218　〔辛〕丑卜，〔王〕：令□，甫大希重？

　　20449　癸卯卜，王：缶□蔑伐圍重執，弗其羌奴，三日丙□

　　　　　　冓方不隻（獲）？

此字和「医」相同，僅見於武丁早期卜辭。《集》20207「隹医衜」中「衜」僅此一見，無法判定此字於句中字義及詞性。《集》20458「令医追重」的「重」，爲方國名，在第一期甲骨卜辭中，有「冓重」、「見（獻）重」、「及重」、「王令重」等辭例：

　　《集》175　　貞：戈不其冓重？

　　6431　　□貞：乎見（獻）重？九月。

6943　甲戌卜，㱿貞：我、馬及𢀛？

20469　丁酉卜，王：令𢀛希方？

這些辭例證明在武丁時期，「𢀛」方和商王朝的關係時好時壞。

（二）「㢸（弜）」

甲骨卜辭中，用爲人名的「㢸」和用爲否定詞「弜」同樣隸作「弜」，二者字形相近，因此在字義判斷上，須從上下文或對貞句相互對照才不易混淆。𠂤組卜辭中所記「弜」一人：

《集》19957 正　辛未卜，王：令弜伐先咸〔戊〕？

20177　戊戌卜，貞：曰：弜其从𠦪，〔亡〕□？

20178　〔壬〕申卜，扶貞：弜勿步戠？

20180　壬戌卜，王貞：弜亡其刹？

20181　壬戌卜，王貞：弜出刹？

20399　乙巳卜：〔令〕弜眔雀伐𢀛（羌），囚？

20402　辛丑卜，王貞：□弜𢦏羌？

20404　甲午卜，叶：羌𢦏弜？

20442　辛卯卜，王貞：弜其𢦏方？

20443　己亥卜：弜𢦏方？

20501　己未卜，王貞：其𢦏弜？

20554　貞：弜其冓𢀛？

20608　己丑卜，王貞：隹方其受弜又？

20637　〔丁〕巳卜，王貞：乎弜廾（登）生于東？

從卜辭的記載判斷，「弜」於武丁早期爲一名將領，負責帶兵征討，其中可看見其與先、𢀛（羌）、方、𢀛之間的關係。在賓組卜辭中也可見到和「弜」相關卜辭，如：

《集》4331　壬申卜，貞：弜其出囚，不其囚？

6906　庚戌卜，王貞：弜其隻（獲）圍𢀛，在東？一月。

7014　己卯卜，王貞：乎弜章（敦）先，余弗𩰫弜？

7016　貞：弜𢦏先？

7017　丙子卜：弜𢦏先？

7024　乙卯卜：乍弜坴（執）𠦪？

7025　貞：𠦪其𢦏弜？

7026　　戊〔寅〕卜：𰀀其戈弜？

7028　　〔辛〕酉卜：𰀀其亦臺（敦）弜？

8939　　癸酉卜，王：乎弜廾（登）牛？

8988　　□亥□，王貞：弜其以雍眔奠？四月。

10242　　乙巳卜：弜隻（獲）豕？

10374　　辛亥卜，王貞：乎弜戰（狩）麋，𢦏（擒）？

《英》676　　辛未卜：叀疋乎从弜？

𠂤、賓組卜辭的「弜」除了戰爭，還參與狩獵行動，但就其記載，「弜」的工作仍以爭戰爲主。「弜」在𠂤組卜辭主要征伐對象爲「羌」和「方」，而在賓組卜辭中，其征伐主要對象是「先」。

（三）「甫（甫）」

「甫」，由《集》20715 可證明爲第一期卜辭時人，其所存在的年代可早至武丁早期：

《集》20219　　甫亡囚？

20234　　丁未卜：甫令𩃗？

20649　　庚辰卜，王：甫往，黍受年？

20715　　辛巳卜，𠂤貞：甫往，兔、虎、鹿不其□？

20749　　丁巳卜：令甫戰（狩）□丁丑𢻻？

「甫」在𠂤組卜辭的記錄多與狩獵有關，在賓組卜辭中除了狩獵卜辭外，尚可見「甫」和其他方國之間的關係，和其染疾與否的貞問內容：

《集》6196　　貞：甫弗其𤕦舌方？

6623　　癸卯卜，宁貞：叀甫乎令泟𡉬羌方？

10394　　壬申卜，𣪘貞：甫𢦏（擒）麋，丙子陷？允𢦏（擒）二百出九。

13762　　貞：甫出疾？

「甫」在賓組卜辭中問疾，即代表其在當時的身體狀況已出現問題，筆者由此推測，「甫」是活躍於武丁早期至中期的時人。

（四）「陟（陟）」

𠂤組卜辭中所見「陟」：

《集》19891　　庚戌卜，王貞：陟不𢀌（死）？八月。

20049　　甲申卜：乎陕征姑丁**夆**？

20630　　壬辰卜，王貞：令陕取馬、宁，涉？

21284　　戊寅卜，自貞：陕弗其以，出示　？

22246　　乎陕征？

22246　　乎陕、雷征？

在此所見「陕」並沒有專門從事任何事情，只可判斷其爲武丁時人。在賓組卜辭中，更可進一步確定「陕」爲人名：

　　《集》5473 正　　庚申卜，䖕貞：陕弗其叶王史（事）？

　　9280　　　　陕入十。

　　13748　　乙未卜，貞：陕亡疾？

上述卜辭「陕入十」一辭，「入」記述某方或某人的納貢行爲，「陕」有可能爲方國名或人名。又「陕亡疾」透露出「陕」爲一人名，因對於方國不需卜問疾病。

（五）「**雀**（雀）」

「雀」是武丁時期的將領，屢次替殷商征伐外族，自組卜辭對其記錄，如：

　　《集》19852　辛丑卜，勿乎雀取畕？

　　20383　　丁卯卜：雀隻（獲）亘？

　　20393　　癸亥卜：亘其夕圍雀？

　　20399　　乙巳卜：〔令〕**弜眔**雀伐羬（羌），因？

　　20403　　**叀**雀伐羬（羌）？

　　20509　　辛卯卜：令雀戔厌（侯）？

　　20526　　辛巳卜：令雀□其童缶？

在武丁早期，「雀」主要征伐對象有「畕」、「亘」、「羬（羌）」、「缶」等。「雀」於賓組卜辭中可以見到戰爭行爲和其他活動，也可當作地名，是「雀」被商王所封之地，如《集》190 反：「乎人入于雀？」。「雀」征伐的方國：

　　《集》1051 正　　壬辰卜，䖕貞：雀戔祭？

　　6875　　　　雀弗其執缶？

　　6948 正　　癸卯卜，䖕貞：勿乎雀衛伐亘，弗其戔？

又「雀」協助商王朝祭祀自然神，如「河」、「雲」、「岳」等：

　　《集》672 正　　貞：乎雀酚于河五十〔牛〕？

　　　1051 正　　己丑卜，爭貞：亦乎雀燎于云（雲）犬？

　　　4112　　　　辛未卜，爭貞：翌癸酉乎雀燎于岳？

由卜辭可見「雀」在武丁時期，除了對戰爭的貢獻，爲當時重要將領之一，也參與祭祀自然神的儀式。祭祀自然神的卜辭通常僅記載祭祀的對象、祭品以及地點，較少強調進行儀式的人，此處記載「雀」執行祭祀儀式，代表「雀」於祭祀活動中地位特殊。

（六）「帚鼠（帚鼠）」

　　在自組卜辭可見到「帚鼠」此一人名：

　　　《集》19987　甲申卜：钟帚鼠姒己二牡？十二月。

　　　　　19988　甲申卜：钟帚鼠〔姒〕己二〔牛〕？

就二辭內容的記錄，帚鼠看似死人，和姒己同祭，其實不然，若對照賓組卜辭幾條辭例，可知此二辭應讀爲「钟帚鼠于姒己」，解釋作「帚鼠求佑於姒己」。賓組卜辭所記：

　　　《集》13960　乙酉卜，王：帚鼠娩，其佳☐？

　　　　　14020　☐帚鼠娩幼（嘉）姘？五月。

　　　　　14115　戊辰卜，王貞：帚鼠娩余子？

　　　　　14118　钟帚鼠子于姒己？允出龍。

　　　　　14119　貞：帚鼠子不拙（死）？

筆者認爲《集》19987、13960、14020、14115、14118、14119 所發生的事應是一聯串事件〔註1〕，都是和帚鼠懷子有關，先是在戊辰日商王卜問帚鼠懷了他的孩子，帚鼠向姒己求佑，希望生產順利，再卜問生產時順不順利，最後帚鼠在生產上果眞有了困難，所以卜問帚鼠子的狀況。這些卜問證明了帚鼠爲武丁早期年輕適產的婦人。

（七）「子汰（子汰）」

　　自組卜辭中「子汰」一人，就卜辭內容而言，子汰最常做的事是求佑於先祖：

　　　《集》20028　癸卯卜，叶：钟子汰于〔父〕乙？☐月。

　　　　　20029　☐戌卜：出彞司钟子汰？

　　　　　20030　癸卯卜：羊姒己钟子汰？

〔註1〕此按照卜辭序號排列。

而在賓組卜辭中，所做的事仍是以祭祀爲主，例如《集》672 正：「貞：乎子汰兄（祝）一牛乎父甲？」3061 正：「甲寅卜，般：乎子汰酌缶于𠙻？」等辭例。

二、花東卜辭所見人名

《殷墟花園莊東地甲骨》一書判斷，花東甲骨是武丁早期的甲骨。花東甲骨所述「丁」一人應指武丁，並且爲武丁早期在位記錄〔註2〕。筆者將藉著花東甲骨中「丁」作爲人名的用法系聯非王卜辭，尋找更多和武丁早期相關的卜辭，以擴展非王卜辭中屬於武丁早期的甲骨卜辭。在花東甲骨中除了常見的「丁」、「子」、「帚好」三人，還有能看見「子興」、「子而」、「子雍」、「子妻」、「子戠」、「疢」、「多臣」等人物於花東時期所作之事。對於「丁」和「子」已有眾多學者提出相關意見，本文於此即談論「丁」和「子」以外的人物。

（一）「𠂤𡥇（帚好）」

花東卜辭所記帚好之事甚多，帚好爲武丁早期女將領，同時也是武丁的法定配偶，活躍於武丁早年的政治、軍事舞台〔註3〕。《花東》對帚好的記載都和政事有關，如下：

《花》3　　丙卜：𡊂又眔（以）女，子其告于帚好，若？

　　5　　乙亥卜：叀子配史（事）于帚好？

　　26　　甲申卜：子其見帚好☑？

　　28　　丙卜：隹帚好乍子齒？

　　37　　壬子卜：子以婦好入于𣎤，子乎多宁見于婦好，攺紣八？

　　63　　辛亥卜：子其以婦好入于𣎤，子乎多卬正見于婦好，攺紣十，往瀧？

　　195　　辛亥卜：乎𡊂、泪見于婦好？在𣎤。用。

　　220　　甲申卜：叀配乎曰：帚好，告白屯？用。

　　237　　辛未卜：丁隹好令从〔白〕正伐卲？

〔註2〕參中國社會科學院編著：《殷墟花園莊東地甲骨》第一冊〈前言〉（昆明：雲南人民出版社，2003年一版），頁35。

〔註3〕參中國社會科學院編著：《殷墟花園莊東地甲骨》第一冊，頁31。

265　戊辰卜：子其以磬、妾于帚好，若？

286　壬卜：帚好告子于丁，弗□？

288　乙酉卜：妫帚好六人，若永？用。〔註4〕

294　甲寅卜，子䇂卜：毋〔敗〕于帚好？

296　癸卯卜：子弜告帚好，若？用。

409　乙卜：子䇂吕䋻于帚好？

451　戊寅卜：自𧈂，㱿其見于帚好？用。

475　辛亥卜，子曰：余□蠱；丁令子曰：往眔帚好于曼麥，
　　　子蠱？

480　甲戌卜：子乎剢，妫帚好？用。在𠦪。

在第一期王卜辭中也可見到對「帚好」的記載，不單只是和政事有關，還記錄了「帚好」懷孕產子、帶兵征戰、祭祀、生病等事件，例：

1. 懷孕產子

《集》154　　　己丑卜，般貞：翌庚寅帚好娩？

　6948 正　壬寅卜，般貞：帚好娩妫（嘉）？

　14002 正　甲申卜，般貞：帚好娩妫（嘉）？王固曰：其隹丁
　　　　　　　娩妫（嘉），其隹庚娩弘吉。

　13926　　庚子卜，般貞：帚好㞢子？

2. 帶兵征戰

《集》6412　辛巳卜，爭貞：今𣎳王𠦪（登）人，乎帚好伐土方，
　　　　　　受㞢又？五月。

　6478　貞：王勿隹□帚好从沚䣈伐𢀳（卭）方，弗其受㞢又？

　6480　辛未卜，爭貞：帚好其从从沚䣈伐𢀳（卭）方，王自
　　　　　　東𣎳伐重，陷于帚好立（位）？

　6480　貞：王令帚好从戾（侯）告伐尸（夷）？

3. 祭　祀

《集》94 正　乙卯卜，宁貞：乎帚好㞢奴于妣癸？

　2609　乎帚好㞢牙于父□？

　2641　貞：勿乎帚好往燎？

〔註4〕卜辭中「人」字字形為「𠂤」，筆者仍從原釋。

4.帚好有疾

《集》709　　　　貞：帚好骨凡出疾？

　　　　13712 正　丙辰卜，殼貞：帚好疒（疾）延龍（龍）？

　　　　13713 正　貞：帚好其延出疾？

　　　　13714 正　貞：帚好出疾，隹出壱？

　　　　32760　　　戊辰，貞：帚好亡囚？

這些辭例證明帚好活躍於武丁時期，不但替武丁生子，也能征伐外族，多次受武丁派遣帶兵打仗，討伐土方族、夷方、打敗卬軍，爲商王朝拓展疆土立下汗馬功勞。顯現殷商時期女性職權未被限制，地位並不低落。從花東卜辭的內容而言，大多記述他人對帚好的進獻，也有一條辭例是丁命令好帶兵作戰的紀錄，而並無其他如賓組卜辭所記生子、祭祀、生病的內容，筆者推測花東的記載，可能是武丁娶婦好爲妻不久，各地來獻，而後賓組卜辭才開始對記載帚好的多樣活動。

（二）「𢀳𠭴（子興）」

　　從花東卜辭的內容而言，「子興」爲武丁早期時人：

《花》28　　戊卜：六其酓子興妣庚，告于丁？用。

　　　39　　己卜：其酓子興妣庚？

　　　53　　己卜：其酓卸妣庚？

　　　53　　己卜：叀丁，子興尋丁？

　　　53　　己卜：叀子興往妣庚？

　　　53　　己卜：叀多臣卸往妣庚？

　　113　　庚卜：子興又疾，子□叀自丙？

　　149　　丁未卜：其卸自祖甲、祖乙至妣庚，咎二牢，麥自皮鼎酓興？

　　181　　壬卜：叀子興往于子癸？

　　183　　丙召子〔興〕？

　　255　　丁丑：歲妣庚一牝，子往满，卸〔興〕？

《花》28「酓子興妣庚」一句，省略了介詞「于」，完整的句子應爲「酓子興于妣庚」，這是《花東》的特殊句型，未見於其他第一期王卜辭和非王卜辭。在第一期卜辭中，較常見的句型爲「酓先祖」、「酓于先祖」、「酓犧牲」、「酓犧牲於先祖」，或是少數如《集》3013「酓子央卸于父乙」即「酓卸子央于父

乙」的倒裝句型。像《花東》此種「酚時人于先祖」的句型和第四期《英》2400：「甲戌，貞：酚多宁于大乙岜五、卯（刟）牛，祖乙岜五，小乙岜三？」相近似。然根據《花》53：「己卜：其酚钔妣庚？」、「己卜：叀子興往妣庚？」、「己卜：叀多臣钔往妣庚？」可證明花東卜辭中「钔祭」在書寫上有省略的情形，因此《花》28完整的句子為「酚钔子興于妣庚」無疑。「子興」在武丁早期，其工作和祭祀相關，但詳細情形，由卜辭中無法得知。

（三）「𠂤𢇇（子而）」

花東卜辭中對於「子而」的記載：

《花》3　庚卜：弜钔子而𠂤？

181　辛卜：其钔子而于妣庚？

181　辛卜：其钔子而于妣己眔妣丁？

273　其钔子而妣己眔妣丁？

409　丙卜：其钔子而于子癸？

《花》273「其钔子而妣己眔妣丁」省略介詞「于」，完整句同《花》181為「其钔子而于妣己眔妣丁」。《花》409版除了上述一辭例外，整版共有三十二辭，其中的十三辭和「子而」有關，這十三辭記錄著「子而」求佑於先祖妣。上述卜辭皆為「子而」求佑的相關內容，此一現象透露出「子而」的整體狀況出現了問題，因此才需要一直向先人祈求庇佑。

（四）「𠂤𢀩（子雍）」

花東卜辭所見「子雍」，有二辭，《花》21：「乙亥卜，貞：子雍友救，又復，弗死？」《花》237：「庚寅：歲祖甲牝一，子雍見？」從上述卜辭內容而言，「子雍」為一人名，《花》21記述著「子雍」友於外邦「救」。〔註5〕

（五）「𠂤𢀷（子夌）」

花東卜辭中的「子夌」：

《花》288　戊子卜：其乎子夌勾〔馬〕，不死？用。

416　己丑卜：齟、夌友邵□□夌〔舞〕，子弜示，若？

己丑卜：子夌示？

庚寅卜：子弜〔往〕襗，叀子夌？用。

〔註5〕詳參朱師歧祥：《殷墟花園莊東地甲骨校釋》（台中：東海大學中文系語言研究室，2006年7月初板），頁964。

449　　貞：子妻爵祖乙，庚亡莫？

493　　戊子卜：叀子妻乎勾馬？用。

《花》288「其乎子妻勾〔馬〕，不死」、493「叀子妻乎勾馬」二辭相對照，可知「叀子妻乎勾馬」即「乎子妻勾馬」的倒裝句型，爲丁呼令子妻去祈求馬匹，此馬匹是否含有特殊意義則不得而知。《花》416、449記錄卜問的內容和祭祀有關，就此推測子妻在花東卜辭時期，也就是武丁早期所從事的工作應和祭祀相關。

（六）「𠂤𣪊（子戠）」

在花東卜辭中，可見到和「子戠」相關的辭例有二：《花》294：「壬子卜：子戠弜告狄，既𡧛丁□若？」305：「甲子卜：子戠弜舞？用。」從卜辭得知，子戠在武丁早期的職務爲祭祀。又《集》20036：「□戌卜，貞：不束，余奠子戠？十月。」20037：「乙丑卜，王：勿首出子戠？」二辭的記載，筆者推測子戠爲武丁早期時人，也逝於武丁早期。

（七）「𡧛（狄）」

「𡧛（狄）」在花東卜辭的用法似作人名，例：

《花》116　　狄弜狄？

137　　羌入，狄乃叀入怀？用。

377　　新𤵸乃狄？

458　　狄〔乃〕先乘虘，迺入怀？用。

473　　狄乃弜往，又砒，若？用。

在第一期王卜辭中，可以見到「狄」的辭例，如《集》14208：「貞：帝狄唐邑？」14211正：「戊戌卜，爭貞：帝狄茲邑？」「狄」在王卜辭的辭例中，用作動詞。「狄」在花東卜辭中作爲人名，由於《花東》對「狄」的相關記載甚少，「狄」於花東卜辭中無法判定其地位及職務。

第二節　方國系聯

武丁早期的𠂤組卜辭可分爲依字形分類，而每個字類的期限、所出現的貞人，作爲判定方國，𠂤賓、𠂤歷間組因爲和𠂤組卜辭在字形、人物方面有重疊之處，故皆屬於使用上的參考範圍，如下表格：〔註6〕

〔註6〕依李學勤、彭裕商：《斷代分期研究》分類。

組　　　別	字類類字	期　　限	貞　　人
自組卜辭	大字一類	武丁早期	王、扶。
	大字二類	武丁早期	
	小字一類	不晚於武丁中期	扶、自、叶、徝。
	小字二類	不晚於武丁中期	王、扶、自、叶、勺。
	自宁間組	不晚於武丁中期	㱿、宁、爭、內。
	自歷間組	武丁中期偏早	

在各字類中所見臣屬有「𢎥（医）」、「弜（弜）」、「甫（甫）」、「陝（陝）」、「雀（雀）」、「帚鼠（帚鼠）」、「子汰（子汰）」七位，而花東非王卜辭中所見的有「帚好（帚好）」、「子興（子興）」、「子而（子而）」、「子雍（子雍）」、「子𡭠（子𡭠）」、「子戠（子戠）」、「狀（狀）」等七位。其中，王卜辭中「医」、「弜」、「甫」、「雀」有明顯的和征戰相關的記錄，非王卜辭戰爭中出現的人物為「丁」、「帚好」、「子」，其中有記錄丁親自帶兵，或是由丁命令帚好、子出征的卜辭。武丁早期將領所進行的征戰，即列為武丁早期的戰爭。於此，經由武丁早期將領所進行的攻伐行為，進而分析和武丁早期相關的方國。

一、王卜辭中和殷將領相關的方國

（一）與「医」相關辭例中所見方國

「医」所涉及的軍事行為，屬於捕獲、追捕其他方國，非大型的「伐」或「征」的戰爭行動。例：

　　《集》19754　己未卜，叶貞：医隻（獲）羌？

　　　　20413　丁巳卜：医其見方，弗冓？

　　　　20413　丁巳卜：翌戊其圍不？

　　　　20413　庚申卜：方其圍，今日不圍？

　　　　20444　壬寅卜：医于□圍方，戋？

　　　　20456　戊申〔卜〕：医弗及方？三月。

　　　　20458　□□卜，〔王〕：医追𢎥，弗其隻（獲）圍，弗及方？

　　　　20461　☑令医追方？

　　　　20494　戊午卜：医步从方？

在《集》19574「医隻（獲）羌」一辭，知道「医」捕獲到羌人。《集》20444、

20456、20458、20461 都是和追捕某個方國的行動有關。故在「匚」的相關辭例中，可見到方國有「羌」、「𡇬」。武丁時期的「羌」除了是方國以外，也可以用爲人牲，故有「伐羌」、「戈羌」等戰爭的用語，以及「獲羌」、「用羌」、「來羌」等用語，而在武丁早期時，羌確實爲殷商敵方。在第一期甲骨卜辭中，有「冓𡇬」、「見（獻）𡇬」、「及𡇬」、「王令𡇬」等辭例，可證明在武丁時期，「𡇬」方和商王朝的關係時好時壞。

（二）和「弜」相關辭例中所見方國

「弜」在武丁早期是帶兵征戰的將領，和「弜」相關的方國或人物辭例如下列辭例：

《集》187	乙丑卜：弜隻（獲）圍羌？□月。
6906	庚戌卜，王貞：弜其隻（獲）圍𡇬，在東？一月。
7014	己卯卜，王貞：余乎弜童〔戈〕𢀛，余弗鬼，弜□？
7016	貞：弜戈𢀛？
7017	丙子卜：弜戈𢀛？
7025	貞：𠚣其戈弜？
7026	戊□卜：𠚣其戈弜？
7028	□酉卜：𠚣其亦童弜？
9174	乙未卜：內□曰：弜來麋？
19957 正	辛未卜，王：令弜伐𢀛，咸□？
20399	乙巳卜：〔令〕弜眾雀伐㦣（羌），因？
20402	辛丑卜，王貞：□弜戈羌？
20404	甲午卜，叶：羌戈弜？
20442	辛卯卜，王貞：弜其戈方？
20443	己亥卜：弜戈方？
20501	己未卜，王貞：其戈弜？
20554	貞：弜其冓𡇬？

在卜辭中可見到「𠚣」這一名詞，其所出現的卜辭多和殷將領「弜」同辭，「𠚣」有可能爲人名或方國名，就《集》7024：「癸丑卜：𠚣其克憂𢀛？」「乙卯卜：乍弜卒𠚣？」「貞：𠚣不亦來？」這三辭而言，卜問「𠚣」對方國「𢀛」造成傷害、殷將領「弜」拘執「𠚣」、「𠚣」來不來等問題，「𠚣」應爲方國名稱，然其相關卜辭敘述有限，《集》7024 或可得知「𠚣」近於殷將領「弜」及

方國「彳」。其他與「弜」相關的方國有「壴」、「彳（屮）」、「羑（羌）」、「方」等。

「屮」在武丁早期和殷王室的關係時好時壞，例：

《集》6834　丙寅卜，爭：乎龍、屮、厌（侯）專希奴？

7014　己卯卜，王貞：余乎弜壴〔戋〕屮，余弗龜，弜□？

7016　貞：弜戋屮？

10923　壬戌卜，爭貞：乞令叟田于屮厌（侯）？

19957 正　辛未卜，王：令弜伐屮，咸□？

《集》6834 一辭看到商王乎龍方、屮方以及侯專去進行希這個動作，可見此時屮方和商的關係良好。《集》10923 甚至封「屮」方的首領為「侯」，並且受到殷王的賜田。《集》7014、7016、19957 正則是貞問殷商戋「屮」方、伐「屮」方的辭例。從卜辭推測「屮」和武丁時期的關係，「屮」在武丁早期和商王室偶有衝突發生，而在武丁早期以後和商的關係轉為良好。

「罔」為方國名，與殷商之間的關係，從「罔」和「弜」的關係可見，《集》7025：「貞：罔其戋弜？」7026：「戊□卜：罔其戋弜？」7028：「□酉卜：罔其亦壴弜？」從卜辭中看到，「罔」和弜互為敵對，不曾見雙方友好的卜辭。

（三）和「甫」相關辭例中所見方國

「甫」在自組卜辭的記錄多與狩獵有關，其和方國有關的卜辭之例，可以見到「沚」、「舌方」、「羌方」。例：

《集》5857　乙酉卜：甫允牽沚？

6196　貞：甫弗其菁舌方？

6623　癸卯卜，宁貞：叀甫乎令沚壱羌方？

從卜辭中恰可窺見「沚」和殷商的關係，從「牽沚」到「令沚」，「沚」在武丁早期開始歸順於商王室。

「舌方」和自組卜辭所出現的殷將領交手次數幾乎不可見，武丁以後的卜辭同樣是幾乎不見其行蹤，故可推測「舌方」為武丁中、晚期的外患之一。

（四）和「雀」相關辭例中所見方國

「雀」活躍於武丁時期，其卜辭中可以見到的方國甚多，例：

《集》1051 正　　壬辰卜，㱿貞：雀戈祭？

　　6571 正　　壬寅卜，㱿貞：尊雀叀𪓇基方？

　　6834 正　　庚申卜，王貞：雀弗其隻（獲）缶？

　　6931　　　　庚寅卜，㱿貞：乎雀伐猷？

　　6947 正　　戊午卜，爭貞：乎雀弜猷？

　　6947 正　　戊午卜，㱿貞：雀追亘，出隻（獲）？

　　6959　　　　辛巳卜，㱿貞：乎雀壴桑？

　　6959　　　　辛巳卜，㱿貞：乎雀壴〔壴〕？

　　6959　　　　辛巳卜，㱿貞：乎雀伐𡉈？

　　6960　　　　壬子卜：王令雀𠦪伐畀？

　　6983　　　　癸巳卜，㱿貞：乎雀伐望、戉？

　　6986　　　　雀弗其隻（獲）圍𡆥？

　　7076 正　　雀戈𡴪？

　　19852　　　辛丑卜：勿乎雀取曐？

　　20383　　　丁卯卜：雀隻（獲）亘？

　　20403　　　叀雀伐羌（羌）？

和「雀」相關的方國有「祭」、「基」、「缶」、「猷」、「亘」、「桑」、「壴」、「𡉈」、「畀」、「望」、「戉」、「𡆥」、「𡴪」、「曐」、「羌（羌）」等十五個方國。筆者將從自組卜辭所出現的「亘方」系聯上述十五個方國，釐清屬於武丁早期之方國。

　　「亘」僅出現於武丁時期，多次與殷將領「雀」相互攻伐。「亘」於武丁早期以後受降於殷商，成為占卜卜辭的貞人。故「亘」和殷商為敵對關係的時間應不會晚於武丁中期。「亘方」相關卜辭之例：

《集》6943　　　壬申卜，㱿貞：亘、𡆥其戈我？

　　6947 正　　戊午卜，㱿貞：雀追亘，出隻（獲）？

　　6948 正　　癸巳卜，㱿貞：乎雀衛伐亘，戈？十二月。

　　6952 正　　乙巳卜，爭貞：雀隻（獲）亘？

　　6958　　　　□貞：令雀壴亘？

　　20383　　　丁卯卜：雀隻（獲）亘？

　　20384　　　辛亥，貞：雀奎（執）亘，受又？

　　20393　　　癸亥卜：亘其夕圍雀？

在卜辭中，亘方和殷商在武丁早期為敵對關係。和亘方同版的卜辭，尚可見到「猷」、「馬」、「🐙」、「亶」等四個方國，例：

《集》6943　　丁未〔卜〕，王貞：余𦥑隻（獲）猷？六月。

6943　　甲戌卜，𣪻貞：我、馬及🐙？

6943　　貞：弗其及🐙？

6947 正　戊午卜，爭貞：乎雀𣂺戩？

6947 正　丁巳卜，爭貞：戩亡𡆥？

6947 正　戊午卜，爭貞：亶戋猷？

「猷方」在武丁時期和殷商為敵對關係。除了《集》6943、6947 正以外，在《集》6934：「己卯卜，貞：叀🐙伐猷？」6937：「乙酉卜，貞：乎亶从沚伐猷？」6942：「貞：猷伐棘，其戋？」也可見和「猷方」相關的方國有「亶」、「沚」、「棘」三個方國。「棘」僅見於這一辭例，故對於其相對於殷商的位置以及和其他方國之間的關係，則無從探究。

「馬」在甲骨卜辭中可以用為方國名，例：

《集》6　　癸未卜，㱿貞：馬方其圍，在沚？

6664 正　甲辰卜，爭貞：我伐馬方，帝受我又？一月。

20630　　壬辰卜，王貞：令陕取馬、宁，涉？

《京》1681　　□未卜，㱿貞：馬方其圍？

《集》6 和《京》1681 可能是同時貞卜的文字，就卜辭內容貞問「圍馬」、「伐馬」、「取馬」等辭例，武丁早期馬方和殷商應是敵對關係。

「戩」與武丁早期的關係，可見於《集》6947 和殷將領「雀」、方國「亘」的同版卜辭，即「丁巳卜，爭貞：戩亡𡆥？」「戊午卜，爭貞：乎雀𣂺戩？」「戊午卜，𣪻貞：雀追亘，出隻（獲）？」在同一天卜問「雀」追捕「亘方」有獲、無獲，又卜問「雀」對「戩」進行「𣂺」的動作，若「𣂺」解釋作對「戩」有所傷害，較不合理，為何要在前一天詢問「戩」是否亡𡆥，隔天卻要對「戩」不利。筆者推測這一切的卜問恐怕都和「亘方」有關聯，亘方應在丁巳那天，對「戩」進行攻擊或迫害，殷商因與「戩」為友好關係，故卜問其有無受到禍害，又隔天戊午日派出將領「雀」協助「戩」，並且追捕「亘方」，因此「𣂺」字義和戰爭協助有關。

「亶」在武丁早期和殷商友好，可視為殷商的附庸族，例：

《集》6937　　乙酉卜，貞：乎亶从沚伐猷？

6939　癸巳卜，爭貞：卣找猷？八月。

6947　戊午卜，爭貞：卣找猷？

此時的卣、沚和殷商為同一陣線，共同對付與商為敵對的猷方。

「祭」也可視為為武丁早期方國，僅與殷將領「雀」同版出現，目前所見甲骨未曾伴隨其他殷將領或其他方國出現，《集》1051正：「壬辰卜，殼貞：雀找祭？」「壬辰卜，殼貞：雀弗其找祭？三月。」《集》6964：「貞：雀找祭方？」從卜辭中可知祭方在武丁早期和殷商為敵對關係。然祭方所在位置則無從推得，僅知其近於殷將領雀的封地。

「雀」的部份卜辭中，尚可見到另一殷將領「子蠶」與其同版出現，例如《集》6571、6572、6577、6834、6928 等，因此筆者也將「子蠶」的相關卜辭納入武丁早期討論範圍。

「基」為武丁早期方國，其相關辭例：

《集》6570　乙酉卜，內貞：子蠶找基方？三月。

6570　丙戌卜，內：我乍基方𢁓☐？二告。

6571　辛丑卜，殼貞：今日子蠶其𢩵基方、缶，找？五月。

6571　壬寅卜，殼貞：自今至于甲辰子蠶弗其找基方？

6572　癸未卜，內貞：子蠶找基方、缶？四月。

6573　甲戌卜，殼貞：雀人、子蠶𢩵基方，克？

6576　丙戌卜，殼貞：我☐基方，弗其找？

6577　乙亥卜，內貞：今乙亥子蠶𢩵基方，找？

從卜辭記錄得知基方和殷商之間為敵對關係。基方的同版卜辭中可見「缶」這一方國。缶方和基方於武丁早期和殷商為敵對關係，例：

《集》6571　辛丑卜，殼貞：今日子蠶其𢩵基方、缶，找？五月。

6834　庚申卜，王貞：雀弗其隻（獲）缶？

6875　☐雀弗其𤇾缶？

6989　☐☐卜，殼貞：缶其找雀？

20524　乙酉卜，王：章缶，受又？

20526　辛巳卜：令雀☐其章缶？

於武丁早期以後，不復見缶方作亂的相關辭例。《集》6834此一版中除了殷將領雀、子蠶、弜等武丁早期人物以外，尚可有另一方國「宙」。「宙方」的相關卜辭例：

《集》6829　　　☐伐宙？

6830　　　壬子卜，㱿☐戋宙？王固曰：吉戋，旬业三日甲子
允戋。十二月。

6832　　　☐丑卜，內：我弗其戋宙？

6834 正　　壬子卜，爭貞：自今日我戋宙？

6834 正　　癸丑卜，爭貞：自今至于丁巳，我弗其戋宙？

20530　　　辛卯〔卜〕，王：臺宙受又？十二月。

宙方和武丁早期為敵對的關係，但是也未見其對殷商有所反抗，可見宙方勢力不大。

上述殷將領與其他方國之間的關係，筆者以樹狀圖呈現如下：

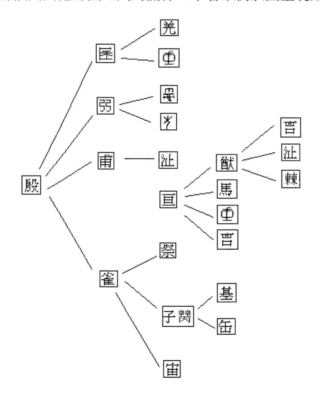

二、非王卜辭中相關的方國

武丁早期非王卜辭以花東卜辭為代表。花東卜辭中，地名出現的方式有「在某」、「于某」、「自某」、「往某」、「伐某」等五種。其中，「伐某」僅出現於「邵」這個地方，既然有「伐」的動作，此地固然為方國之所。

花東卜辭進行攻伐方國，即「伐邵」的相關辭例皆為同日所卜。伐邵方

的辭例中，卜問「丁」親自上戰場或是命令子、婦好、多宁征伐卲方，主要是在問到底誰出征較爲合宜。需要丁、子、婦好等親自出征，可見「卲方」爲當時重要外患。例：

《花》179　丁未卜：叀卲乎匄宁🀄？

179　叀虩乎匄宁🀄？

237　辛未卜：丁隹好令从〔白〕正伐卲？

275　辛未卜：丁〔隹〕子〔令〕从白正伐卲？

275　辛未卜：丁隹多〔宁〕从白正伐卲？

449　辛未卜：白正再冊，隹丁自正（征）卲？

449　辛未卜：丁弗其从白正伐卲？

467　戊卜：叀卲乎匄？不用。

467　戊申卜：叀虩乎匄〔馬〕？用。在麗。

「白正」花東字形作「△𠙹」〔註7〕，關於「白正」之說法約有下列有三種，第一，《花東》作者作「白或」，認爲「白或」即「或伯」，伯爲爵稱〔註8〕；第二，《殷墟花園莊東地甲骨校釋》也作「白或」，認爲「白或」的「白」即「伯」爲爵稱，「或」則爲人名〔註9〕；第三，〈說花園莊東地甲骨卜辭的「丁」〉談到「白或」，其認爲《合集》32814：「庚辰貞：己亥有登，比伯正，亡囚？」提到「伯正」即歷組卜辭中常見之「沚正」，也就是「沚戩」。〔註10〕

　　筆者認同陳劍提出的歷組卜辭《集》32814：「庚辰貞：己亥又登，比△（白）正，亡囚？」中「白正」一詞，即花東卜辭中「白正」的看法，而此「白正」的「正」，應爲第一期王卜辭中所見的「沚正」，也就是《集》33074：「乙丑卜，貞：喜以沚正伐獸，受又？」所見到的「沚正」。沚方於武丁早期開始與殷商關係良好，殷商若因此而封「沚正」爲「白（伯）正」並不爲過。

　　在「沚正」相關卜辭中可以見到「伐召方」，例：

《屯》81　　　　辛未貞：王从沚正伐召方？

〔註7〕《花東》字詞索引表作「△𠙹」。中國社會科學院編著：《殷墟花園莊東地甲骨》第六冊，頁1865。

〔註8〕中國社會科學院編著：《殷墟花園莊東地甲骨》第六冊，頁1655。

〔註9〕朱師歧祥：《殷墟花園莊東地甲骨校釋》，頁1038。

〔註10〕陳劍：〈說花園莊東地甲骨卜辭的「丁」〉，《故宮博物院院刊》（北京：紫禁城出版社，2004年第四期，總第一一四期）

2634 正　　□正伐召方，受又？

從「正」的相關卜辭中見到「卲方」、「召方」，只能證明「卲」與「召」的地理位置相近，至於是否能畫上等號，則需要更多文字橋樑或是新出材料予以證明，因爲二方若是同一時期的同方國，爲何要寫作不同字型，花東有明確「卲」的簡省作「卩」的例證，而沒有簡省作「召」；至於歷組卜辭中看到的「召」有簡省作「刀」，卻沒有添加筆畫作「卩」或「卲」；故很難證明「卲方」、「召方」爲完全相同的方國。

三、武丁早期方國之間的關係

武丁早期王卜辭中可見到的方國有「犛（羌）」、「重」、「朿」、「畐」、「沚」、「亘」、「馬」、「亶」、「祭」、「歓」、「基」、「缶」、「宙」等十三個方國。非王卜辭中明確可以見到的方國爲「卲」一方。這些方國於武丁早期與殷商友好的方國爲「沚」、「亶」；與殷商敵對的是「犛（羌）」、「亘」、「馬」、「歓」、「基」、「缶」、「宙」、「卲」；與殷商時好時壞的方國爲「重」、「朿（朿）」。

卜辭中「羌方」的「羌」字形多作「ᒿ」，部分卜辭也可見「ᑅ」、「ᑎ」、「ᑐ」、「ᑓ」的字形。在武丁早期同版的人物和方國有「弜」、「雀」、「朿」、「沚」，例：

《集》186　　庚申卜，王：弜隻（獲）羌？

188　　貞：朿不其隻（獲）羌？

6623　　癸卯卜，宁貞：叀甫令沚壱羌方？十月。

20399　　乙巳卜：〔令〕弜眔雀伐羌，囚？

卜辭中所見方國「朿」、「沚」都和羌方爲敵對關係，且和羌方的距離相近。

「畐」相關的地理卜辭爲《集》7024：「癸丑卜：畐其克夏朿？」「乙卯卜：乍弜牟畐？」卜辭顯示朿方和畐的地理位置相近，此時朿方與商的關係較畐與商的關係良好，因爲當「畐」對「朿」不利時，殷將領「弜」則去拘執「畐」。

「沚」的地理位置和馬方、舌方、歓方、土方相近，例：

《集》6　　　癸未卜，宁貞：馬方其圍，在沚？

6180　　貞：舌方弗童（敦）沚？

6937　　乙酉卜，貞：乎亶从沚伐歓？

《英》281　　丁丑卜，嗀貞：今萅（春）王从沚戠伐土方，受出又？

其中，沚、亶、殷商爲友好關係，而沚與馬方、舌方、歓方爲敵對關係。藉

由《集》6057：「癸巳卜，殻貞：旬亡𡆥？王固曰：㞢〔希〕，其㞢來艱。乞至五日丁酉，允㞢來〔艱自〕西。沚戠告曰：土方圍于我東啚，〔𢦏〕二邑，𢀛方亦帰我西啚田。」推得沚位於土方的西邊和𢀛方的東邊，即在土方和𢀛方之間。

從《集》3061：「辛未卜，爭貞：我𢦏猷，在寧？」6938：「貞：亶不〔苜〕𢦏猷？」可知猷方的地理位置在「寧」地附近，和亶互爲敵對關係。

𠁁方的同版卜辭中，可以看見的殷將領和其他方國：

《集》6480　辛未卜，爭貞：帚好其从沚戠伐卬方，王自東冎伐𠁁，陷于帚好立？

6906　庚戌卜，王貞：弜其隻（獲）圍𠁁，在東？一月。

6943　壬申卜，殻貞：亘、𠁁其𢦏我？

6943　甲戌卜，殻貞：我、馬及𠁁？

20457　癸丑卜，王貞：𠁥其及方？

20469　丁酉卜，王：令𠁁希方？

20554　貞：弜其冓𠁁？

就卜辭內容而言，和𠁁方敵對的方國簡稱「方」，此方國和𠁁方地理位置相接近。𠁁方、亘方爲友好邦，和馬方爲敵對方國。

從卜辭《集》6571：「辛丑卜，殻貞：今日子𦫳其𢦔基方、缶，𢦏？五月。」6572：「癸未卜，内貞：子𦫳𢦏基方、缶？四月。」得知「基」、「缶」二方地理位置相近。《集》6861：「丁卯卜，殻貞：王𦎫缶于罒？」一辭則知缶方和罒地相近。方國「宙」則和缶方、丂方爲同版出現過，與殷商以外的方國之間的互動關係則無法從卜辭中探得。

方國與方國之間的關係可分爲友好或敵方。友好方國可分爲二組，第一組爲亘、𠁁，第二組爲沚、亶。敵對方國則可分爲三組，第一組爲羌、丂、沚互爲敵對，第二組爲𠁁、馬，第三組爲猷、亶。

第三節　方國地理位置

武丁早期王卜辭中可見到的方國有「𢀛（羌）」、「𠁁」、「𠂤」、「𢀛」、「沚」、「亘」、「馬」、「亶」、「祭」、「猷」、「基」、「缶」、「宙」等十三個方國。

方國與方國之間的關係或爲友好、或爲敵方。友好方國可分爲二組，一組爲亘、𠁁，一組爲沚、亶。互爲敵對的方國可分爲三組，第一組爲羌、丂、

沚，第二組爲⊕、馬，第三組爲猷、亶。

本節在各方國論述部分，對於各方國的地理位置，先敘述先進學著的說法，再列出甲骨卜辭的記載，以釐清第一期甲骨方國相對於殷商的位置。

一、羌方的地理位置

（一）前人之說

對於武丁早期出現過的羌方，多位學者先進對於其地理位置做過論述，例如：

王襄：「古羌字，許說西戎牧羊人也。从人从羊，羊亦聲。或釋羌」〔註11〕。王氏簡單引《說文》的說法，說明羌即西戎。

陳夢家將卜辭中記載羌事者分成三類：第一類，記征伐羌或羌方；第二類，記俘獲羌人；第三類，記俘獲羌人的用途，用作從事勞作的奴隸、在祭祀中當祭牲。羌方應爲游牧民族，「羌」是他們的種姓。武丁卜辭記載與羌作戰的沚、戉、臯、雀等，或在晉南，或在河內附近太行山的區域。由羌人作爲犧牲以及地望，認爲羌可能和夏后氏爲同族的姜姓之族有關〔註12〕。陳氏敘述羌方於殷商時期的角色，從羌的戰爭卜辭中，推測其地理位置，並且點出羌和姜姓有關。

饒宗頤認爲羌亦稱羌方，引《庫方》310：「辛巳卜□貞：登婦好三千，登旅萬，乎伐羌。」說明伐羌人數共萬三千。其根據古籍記載推測羌的狀況，例如由〈商頌〉：「昔有成湯，自彼氐羌，莫敢不來享，莫敢不來王。」說羌爲西戎巨族；由《史記・六國表》的「禹興於西羌」說羌人自先夏已據有西土，其族至大，殷人與羌亦爲婚媾；由《詩》之「姜嫄」所謂「爰及姜女」認爲即是羌人；由〈周語〉上：「三十九年，戰于千畝，王師敗績于姜氏之戎。」千畝爲晉地，在介休縣，推測羌人仍盤踞山西一帶〔註13〕。饒氏引卜辭與古籍說明羌於所處時代的龐大勢力。再根據〈周語〉的記載，推測羌的位置。

島邦男以《粹》1170片載「貞羌其圍沚」之辭，推得羌方位於西北，接近沚地，爲西戎之羌〔註14〕。島氏單純以卜辭的記載，來論述羌的方位，並

〔註11〕王襄：《簠室殷契類纂・正編》（天津：天津市博物館石印本），頁19。

〔註12〕陳夢家：《殷虛卜辭綜述》，頁276～282。

〔註13〕饒宗頤：《殷代貞卜人物通考》上冊，頁178～181。

〔註14〕島邦男：《殷虛卜辭研究》，頁401～402。

且推得羌方即西戎之羌。

顧頡剛根據卜辭記載認為羌方是殷商當時的西方大國，地廣人眾，和商朝的爭奪關係最多。羌北面和鬼方、舌方為鄰，東面有沚、吳、易、雀、犬等許多方國，東南近缶和蜀，大致而言，佔有了現今甘肅省大部和陝西省西部〔註15〕。顧氏由羌相鄰的方國所在的位置，判斷出羌的勢力範圍。

屈萬里：「羌，謂羌人也。羌方為殷人最頑強之敵國；殷時盤據於今晉南晉西及陝東北一帶之地。後此姜姓之國，亦其苗裔也。」〔註16〕屈氏簡單敘述羌相對於今日所盤踞的地理位置，指出姜姓為羌人之後。

鍾柏生從卜辭及上古史兩方面著手，卜辭中與羌同版之地盎（甫）、沚、長、戉、舌等這些地方，推得武丁時期羌人出沒的方位為殷西，除此之外也活動於殷北、東北，故羌人活動範圍的西界是山西中南部，北方則在今山西東南部，與河北西南角，河南東北角一帶，東方在當今山東西方一帶。上古史方面，引《左傳》、《國語》、《春秋》等記載戎狄活動的區域，由地理方位論殷之羌人為春秋戎狄的前身〔註17〕。鍾氏從羌在卜辭中的相關地方，推測羌的活動範圍。從古籍記載戎狄出沒的地方，推測戎狄的活動範圍，進而說明戎狄即為羌之後。

由上述對於羌的論述，前人幾乎都判定羌即西戎，陳夢家、饒宗頤、屈萬里等學者進一步認為姜姓為羌族的後世之人。然相對於現今地理位置，則有三種差異：第一，饒宗頤認為在「山西一帶」；第二，屈萬里認為在「晉南晉西及陝東北一帶」即山西南、西以及陝西東北一帶；第三，鍾柏生認為在「山西中南部；山西東南部，與河北西南角，河南東北角一帶；山東西方一帶」。

（二）甲骨卜辭相關記載

「羌」字形多作「𦍌」，也可作「𦍌」、「𦍌」、「𦍌」、「𦍌」、「𦍌」、「𦍌」等字形，「羌」此一方國見於甲骨卜辭第一至五期，在第五期甲骨卜辭中，羌方漸漸消失，成為殷商的一部分。演變情形如下表格：〔註18〕

〔註15〕轉引自《甲骨文字詁林》第一冊，頁 121。
〔註16〕屈萬里：《殷虛文字甲編考釋》（台北：中央研究院歷史語言研究所，1992 年 6 月初版），頁 50。
〔註17〕鍾柏生：《殷商卜辭地理論叢》，頁 173～180。
〔註18〕此依《殷墟甲骨刻辭類纂》之分期。

第 一 期	第 二 期	第 三 期	第 四 期	第 五 期
𐀀	𐀀			
𐀀				
𐀀	𐀀	𐀀		
𐀀		𐀀	𐀀	
𐀀		𐀀	𐀀	
	𐀀、𐀀	𐀀	𐀀	𐀀
		𐀀		
		𐀀		𐀀

　　雖然同一時期的字體不單單只有一個，但是有常用字體，第一、二期常用字為「𐀀」，第三期常用字為「𐀀」，第四期常用字為「𐀀」。在第三期中出現了「𐀀」的字形，這個字的部件偏旁從羌從火，應和羌方有關，為了辨別詞性、字義而起，《集》29310「□卯卜：王其田𐀀□？」中「𐀀」用為田獵地名。到了第五期也有「𐀀」字，同樣用為田獵地名。

1. 殷與羌方之間的關係

　　在當時和殷商友好的邦國會以羌人為貢獻物，將羌人獻給商人。根據卜辭中的「隻（獲）羌」、「來羌」、「用羌」、「屮羌」、「伐羌」、「戈羌」、「追羌」、「圍羌」等語詞，即可知羌人在殷商時期除了為一方國的人民以外，也是商王室的奴隸、祭牲。武丁時期和羌方有過衝突的殷邦國、將領如下：

《集》166　　乙酉卜，㱿貞：甶隻（獲）羌？

　　　172　　戉隻（獲）羌？

　　　178　　丁巳卜，㱿貞：自隻（獲）羌？十二月。

　　　182　　光隻（獲）羌？

　　　186　　庚申卜，王：弜隻（獲）羌？

　　188 正　貞：𢀛不其隻（獲）羌？

　　　190　　丁丑卜，宁貞：𢀛（疌）隻（獲）羌？九月。

　　　201　　丙申卜，宁貞：𢀛（鼄）隻（獲）羌，其至于𢀛（嵩）？

　　　203　　果（昊）隻（獲）羌？

　　　232　　貞：叀疌來羌？用。

　　　233　　貞：勿叀𢀛來羌？

　　　237　　癸酉卜，貞：望乘來羌？

243 正　貞：牧來羌，用于⊠？

245　　⊠光來羌？

493 正　癸未卜，㝉貞：叀𦤎往追羌？

557　　貞：勿用[illegible]來羌？

6618　　貞：射伐羌？

6623　　癸卯卜，㝉貞：叀甫令沚壱羌方？十月。

6631　　貞：[illegible]𢦏羌、龍？

19754　己未卜，叶貞：医隻（獲）羌？

20403　叀雀伐羌？

20404　甲午卜，叶：羌𢦏弜？

《英》594 正　貞：旨隻（獲）羌？

598　　牧隻（獲）羌？

卜辭中可看到在武丁時期，[illegible]、戉、𠂤、光、弜、[illegible]、疋、龟、畀、𦤎、射、沚、[illegible]、医、雀、旨、牧等殷的附庸國以及部分殷將領都和羌有過衝突關係。其中疋、龟、望乘、牧、光等甚至把羌作爲貢獻的內容物，獻給商王室。武丁時期以後羌方之人淪爲殷商的奴隸與祭牲。

2. 羌方的地理位置

卜辭中「隻（獲）羌」、「𢦏羌」等詞語可以用爲判斷「羌方」的所在地理位置，其相關辭例如下：

《集》172　戉隻（獲）羌？

182　光隻（獲）羌？

201　丙申卜，㝉貞：[illegible]（龟）隻（獲）羌，其至于[illegible]（鬲）？

6597　貞：其出來羌自西？

6623　癸卯卜，㝉貞：叀甫乎令沚壱羌方？

6631　貞：[illegible]𢦏羌、龍？

由《集》6597 可看到羌位於殷西，和羌方地理位置相近者有「戉」、「光」、「龟」、「沚」、「龍」等方國。

卜辭《集》6983：「癸巳卜，㱿貞：乎雀伐望、戉？」可知「戉」爲一方國名稱，與戉相鄰近的方國有「𢀛方」、「土方」、「𣶃方」，其相關辭例如下：

《集》6057 正　癸巳卜，㱿貞：旬亡𡆥？王𡆥曰：㞢〔希〕，其㞢來艱。乞至五日丁酉，允㞢來〔艱自〕西。沚𢦔告

曰：土方圍于我東啚，〔戈〕二邑，舌方亦帚我西
啚田。

6376　貞：戉弗其伐舌方？

6452　甲寅卜，□貞：戉其隻（獲）圍土方？一月。

6566　壬辰卜，般貞：戉戋淵方？

「舌方」、「土方」爲殷西或殷西北的方國，「淵方」應在其附近，因此三方國都曾和戉接觸過，相隔距離理當不會太遠，此可間接證明羌位於殷西。

二、沚方的地理位置

（一）前人之說

前人對於「沚」多認爲是方國名，而常見於「沚」字之後的「馘」則爲私名，爲沚方的君長。

唐蘭指出「馘」習見於武丁時期卜辭，隸定成「沚馘」，爲人名。卜辭或僅言沚，沚爲國名，馘蓋其國君之名。引《菁華》：「三至五日丁酉，允出來婎，自西，沚馘告曰：『土方征于東啚，戈二邑，呂方亦帚我西啚田……』」說明沚爲殷畿以西的諸侯，與土方、呂方接壤，故殷人伐土方或呂方時，沚馘每從行〔註 19〕。唐氏根據卜辭內容指出沚方在武丁時期和相鄰方國的互動情況。

于省吾則是在〈釋冉冊〉中談論到「沚馘」，認爲沚馘是人名，而「馘」字不識，並疑「沚馘」即是「傅說」，因考其職事，非傅說無以當之〔註 20〕。于氏此文主體在談冉冊，因懷疑「沚馘」爲「傅說」，故比對「沚馘」的卜辭內容和「傅說」於先秦古籍《周禮》、《國語・晉語》的職事。

陳夢家指出「沚」從屮從𠂤，羅振玉釋洗，王襄釋沚。卜辭先、沚、前等字都從屮得聲，所以字應是「跣」的象形。卜辭的沚馘，《乙》3797「勿隹屮馘」則作屮，此字可能是侁、姺、莘、薆的初文。又引《左傳》昭公元年「商有姺邳」，莊公三十二年「有神降於莘」杜注云「莘，虢地」，今陝縣硤石鎮西北十五里有莘原。〈周本紀〉索隱引《世本》「莘國，姒姓」。姺或作侁，莘或作薆，四者通用爲一。而沚爲國名，馘爲私名，沚見於武丁、文武丁，正則是

〔註 19〕唐蘭：《天壤閣甲骨文存并考釋・天壤閣甲骨文存考釋》（北京：北京圖書館），頁 51～52。

〔註 20〕于省吾：《殷契駢枝全編・雙劍誃殷契駢枝續編》（台北：藝文印書館，1975年 11 月再版），頁 30～34。

戠的後代的私名。武丁時期的沚和土方、邛方、羌方、龍方、印方有過征伐關係，此諸方多在晉南，所以陳夢家認爲定沚在陝縣是適合的〔註21〕。陳氏認爲侁、姺、莘、嫠四者通用爲一的看法，從「侁」、「姺」到「莘」、「嫠」在解釋上以及如何通用解釋模糊，無法從文獻中看出「姺」、「莘」爲同一地，其中應有商榷之處。陳氏對於「沚」在古籍中的認定，同於饒宗頤對於「𢏣」在古籍中認定，都是認爲是「姺」或是「侁」，但是不同的地方是陳氏認爲「姺」在今河南陳留東南，而饒氏則認爲在陝縣硤石鎮西北十五里的莘原。究竟「沚」、「𢏣」二地爲今日何地，還有討論空間。

張秉權認爲「沚戛」是武丁時代常見人物，可分別單稱「戛」或「沚」，當「沚戛」連讀，很清楚地看到戛是人名，沚是地名。然而有時候戛似乎也可以指稱地名，如《乙編》696：「丙子卜，永貞：王〔登〕人三千〔伐〕戛？」，所以在解釋此類名詞時，需要通讀上下文才能判定字面上的意義〔註22〕。張氏指出「戛（𢆡）」可以是人名，也可以是地名，要靠前後文來判定。

李孝定認爲「沚」爲國族名，「𢆡」爲其私名，從林泰輔釋「職」，而于省吾謂「沚職」爲傅說，其證據殊欠薄弱，存之以備一說可也〔註23〕。李氏僅對「𣲩𢆡」作隸定，認爲是國名加私名的組合。

丁山提出「𣲩」爲「失」字的初文，《逸周書‧世俘》所稱「佚侯」當即武丁時期卜辭屢見的「失戠」，卜辭有時省稱「失」〔註24〕。丁氏的考釋意見極爲特殊，合宜與否，則需更深入的探討。

（二）甲骨卜辭相關記載

1.殷與沚方之間的關係

「沚」的甲骨字形爲「𣲩」。沚方和殷商的關係，從「辛沚」、「征沚」到「令沚」、「從沚」，「沚」爲武丁時期的方國，在武丁早期和殷商成爲友好關係，並且成爲殷的附庸國。關於殷和沚方之間的相關卜辭如下：

《集》6　　　癸未卜，宁貞：馬〔方〕其圍，在沚？

5857　　　乙酉卜：甫允辛沚？

〔註21〕陳夢家：《殷虛卜辭綜述》，頁296～297。

〔註22〕張秉權：《殷虛文字丙編‧考釋》中輯（二），頁365。

〔註23〕李孝定：《甲骨文字集釋》卷十一（台北：中央研究院歷史語言研究所，2004年4月六版），頁3322～3324。

〔註24〕丁山：《商周史料考證》（北京：中華書局，1988年6月一版一刷），頁197～198。

6057 正　癸巳卜，㱿貞：旬亡囚？王固曰：出〔希〕，其出
　　　來艱。乞至五日丁酉，允出來〔艱自〕西。沚畞告
　　　曰：土方圍于我東啚，〔戋〕二邑，舌方亦㞢我西
　　　啚田。

6180　　　貞：舌方弗章（敦）沚？

6421　　　辛酉卜，㱿貞：王从沚伐土〔方〕☒？

6471 正　甲午卜，宁〔貞〕：沚畞啓王从伐印方，受㞢又？

6623　　　癸卯卜，宁貞：叀甫令沚壱羌方？十月。

6937　　　乙酉卜，貞：乎亶从沚伐猷？

6993　　　辛酉☒其征沚？六月。

20531　　　癸酉卜，王貞：羌其圍沚？

《英》581　丁丑卜，㱿貞：今峇（春）王从沚畞伐土方，受㞢
　　　又？

商兵圍馬方在於沚、沚曾與商王一起攻伐過土方和印方、與亶方一起攻伐猷方等，沚方為這些方國和殷商之間的緩衝之地。另外，沚方也曾受到土方、舌方的侵略，筆者推測殷商王室在當時有可能以保護沚方的理由出兵攻打過土方、舌方等方國。

2. 沚方的地理位置

從卜辭《集》6057 正：「癸巳卜，㱿貞：旬亡囚？王固曰：出〔希〕，其出來艱。乞至五日丁酉，允出來〔艱自〕西。沚畞告曰：土方圍于我東啚，〔戋〕二邑，舌方亦㞢我西啚田。」可看到沚方在土方和舌方之間，從西方到東方方位上的排列順序為：舌方→沚方→土方，除此之外，《集》6623：「癸卯卜，宁貞：叀甫令沚壱羌方？十月。」6937：「乙酉卜，貞：乎亶从沚伐猷？」顯示出沚方還近於羌方、亶方、猷方。

《集》6057 版「癸巳卜，㱿貞：旬亡囚？王固曰：出〔希〕，其出來艱。乞至五日丁酉，允出來〔艱自〕西，沚畞告曰：土方圍于我東啚，〔戋〕二邑，舌方亦㞢我西啚田。」根據占辭內容「出來艱自西」的上下文，辭意應是針對於土方和舌方的侵略事件，此「自西」是相對於殷商而言，顯示土方和舌方在殷的西方，而在同版反面的占辭內容為「王固曰：出希，其出來艱。乞至九日辛卯，允出來艱自北，龜、妻、箂告曰：土方㞢我田十人。」其中「出來艱自北」則是針對土方的侵略事件，「自北」同樣是相對於殷商而言。由此，

土方在殷西又在殷北，其地理位置應在殷商的西北方位上。《集》6057 正尚有另一辭「王固曰：出希，其出來艱。乞至七日己巳，允出來艱自西，戈、友、角告曰：舌方出，掃我　七十五人。」其中「出來艱自西」再次顯示舌方的侵略事件發生於殷西，故證明舌方位於殷西。沚方、土方、舌方和殷之間的相對位置，用小圖示表現出來即為下圖：

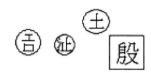

三、戈方的地理位置

（一）前人之說

　　就卜辭內容而言，當「戈」作為動詞，在隸定上，或可作「扞」、「捍」、「戰」、「戎」等字〔註25〕。部分學者提出「戈」在卜辭中也可用作方國名的看法，如：

　　于省吾即認為卜辭「戈」字即《說文》「戰」字，除了根據卜辭《前》6.26.1：「其隻（獲）正（征）戈在東」，疑「戈」為東方國名以外，並且應讀為「扞」，謂扞禦〔註26〕。然于省吾並未再對「戈」方和其他方國的關係提出任何看法。

　　唐健垣依甲骨卜辭內容則謂「戰」為方國名，且在卜辭多見。戰方與殷商時而友好，時而開戰〔註27〕。唐氏僅說明「戰」為方國，對於戰方的方位等相關事宜則未提及。

　　齊文心先列出其他家學者對於「戈」字的隸定，再提出自己將「戈」字隸定成「戎」，認為戎字在甲骨文中至少有三種不同用法，其中一種即為族名，是殷商的敵方，經由「望戎」、「見戎」、「冓戎」、「及戎」、「伐戎」等，與卜辭記錄其他敵方與殷朝發生戰爭關係的詞句雷同，以證明「戎」確實為方國〔註28〕。齊氏先提出其他學者意見，再搭配文字形構、卜辭內容而判定「戎」為方國。

〔註25〕參《甲骨文字詁林》第三冊，頁 2315～2322。
〔註26〕于省吾：《殷契駢枝全編・雙劍誃殷契駢枝》，頁 71～74。
〔註27〕轉引自《甲骨文字詁林》第三冊，頁 2317。
〔註28〕轉引自《甲骨文字詁林》第三冊，頁 2318～2320。

連劭名同胡厚宣釋「￼」爲戎字，且認爲戎字在卜辭的使用上可以指少數民族，因爲在武丁卜辭中曾卜問征伐戎人，並有「菁戎」、「乍戎」等用詞。〔註29〕

對於「￼」作爲方國名，或釋爲「戔」，或釋爲「戎」，學者對於「￼」的當時相對於殷的方位未提出任何意見。

（二）甲骨卜辭相關記載

在卜辭使用上，「￼」的字形也可作「￼」、「￼」，字形的差異和字義、詞性並無關係。

1. 殷與￼方之間的關係

「￼」和殷商的關係時好時壞，在雙方關係較爲友好時，￼方即協助商王室打獵以及追捕其他方國之人；雙方關係交惡時，商王、殷將領則派兵攻打、追擊￼方。其相關辭例如下：

《集》175　　　貞：戉不其菁￼？

6480　　辛未卜，爭貞：帚好其从沚戛伐印方，王自東￼伐￼，陷于帚好立？

6905　　壬寅卜：見弗隻（獲）圍￼？

6906　　庚戌卜，王貞：弜其隻（獲）圍￼，在東？一月。

6943　　壬申卜，般貞：亘、￼其戋我？

6943　　甲戌卜，般貞：我、馬及￼？

7075　　戊午卜，般貞：￼及￼？

10389　　甲午卜，古貞：令￼執麔？

20457　　癸丑卜，王貞：￼其及方？

20458　　□□卜，〔王〕：匚追￼，弗其隻（獲）圍，弗及方？

20469　　丁酉卜，王：令￼希方？

20554　　貞：弜其菁￼？

卜辭中和￼方有關聯的殷將領、其他方國者爲戉、見、弜、馬、￼、匚等。

2. ￼方的地理位置

與￼方的同版出現的方國，除了殷商以外，尚有沚、亘、馬等三個方國。例如：

〔註29〕轉引自《甲骨文字詁林》第三冊，頁2320～2322。

《集》175　　令戊𠂤沚？

175　　貞：戊不其菁重？

6906　　庚戌卜，王貞：弜其隻（獲）圍重，在東？一月。

6943　　壬申卜，㱿貞：旦、重其戈我？

6943　　甲戌卜，㱿貞：我、馬及重？

《集》175「戊」和「沚」有交集，和重也有交集，因此筆者認為沚方與重方的距離不會太遠，應同為殷西方國。《集》6906：「弜其隻（獲）圍重，在東」此版僅有這一辭，無法得知其是否有對貞句。單就這一辭，弜在東邊圍捕到重方之人，筆者認為這裡所謂的東邊，應是相對於弜的所在地而言，即謂重方之人已侵入殷商的領土之內，弜在境內捕獲到重方之人。如下圖所示：

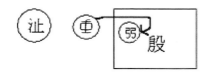

四、방方的地理位置

（一）前人之說

「방」方的相關論述甚少，清楚指出「방」為方國者為姚孝遂，其認為「방」的或體作「방」，下從「尸」，與「先」之作「방」、「방」是有嚴格區分的。「방」可以是方國名和俘虜名。〔註30〕

張秉權在《丙編》圖版一的考釋中釋此字為「老」，認為《左傳》定公十五年：「鄭罕達敗宋師于老丘。」的「老丘」，可能就是此版的「老」，在河南陳留東北。〔註31〕

饒宗頤將「방」、「방」皆釋作「先」，認為是異體字，為殷時侯國，亦稱「先侯」。其引《左傳》昭公元年：「商有姺邳。」杜注：「二國，商諸侯。」今本《紀年》：「外壬元年，姺人叛。」「河亶甲五年，姺人來賓。」認為文獻中「姺」、「侁」即先也。最後引《前編》2.15.2：「丙辰卜，在奠貞：今日，王步先（방），亡巛。」說「先」與「鄭」相近，姺在河南陳留東南，地望正

〔註30〕姚孝遂：〈商代的俘虜〉，《古文字研究》第一輯（2005 年 6 月一版二刷），頁 347。

〔註31〕張秉權：《殷虛文字丙編・考釋》上輯（一）（台北：中央研究院歷史語言研究所，1957 年），頁 15～16。

合〔註32〕。饒氏混「✕」、「✕」字形，然其談至方國地理位置，所引用的卜辭中的字形，筆者對照《合集》拓片多作「✕」，僅《前編》2.15.2 即《合集》36772 作「✕」，故此字應可獨立引用及討論。

　　前人對於「✕」除了暫且使用甲骨原字形以外，或可釋爲「老」、「先」。經由卜辭使用確實有用作方國之實，但是釋字部份則還可商榷，其地理位置應透過釋字以及卜辭其他同版地名，才可推測確切位置。

（二）甲骨卜辭相關記載

1. 殷與✕方之間的關係

　　第一期甲骨卜辭「✕」的字形還可作「✕」，而第四期字形作「✕」。此「✕」和釋爲「先」的「✕」字形並非一字，由《集》6834：「乙丑卜，㱿貞：子𤯍弗其隻（獲）✕（先）？」、「丙寅卜，爭：乎龍、✕、厌（侯）專希𢏱？」可證，「✕（先）」於當時和殷商爲敵對關係，而此時的「✕」已和殷商爲友好關係。✕方相關辭例如下：

《集》53　　　　壬申卜，貞：雀弗其克戋✕？

　　　188　　　　貞：✕不其隻（獲）羌？

　　　1779 反　　✕以五十。

　　　5738　　　　乙酉卜，爭貞：今夕令✕以多射先陟自□？

　　　5810　　　　丙戌卜：弜自在✕，不水？

　　　6834　　　　丙寅卜，爭：乎龍、✕、厌（侯）專希𢏱？

　　　7014　　　　己卯卜，王貞：余乎弜𩵋〔戋〕✕，余弗𩵋，弜□？

　　　7017　　　　丙子卜：弜戋✕？

　　　7024　　　　癸丑卜：𡇃其克夐✕？

　　　10923　　　壬戌卜，爭貞：乞令受田于✕厌（侯）？

　　　19957 正　辛未卜，王：令弜伐✕，咸☑？

　　　32906　　　乙巳卜：叀✕令？

《集》53、5810、7014、7017、19957「✕」和「雀」、「弜」同版的卜辭中，看到在武丁早期✕方和殷商是屬於敵對關係。《集》5738 辭顯示在武丁早期近中期時✕方臣服於殷商，成爲殷商的附庸國，而後可見「✕厌（侯）」、「令✕」的語詞。《集》10923 還可見到✕臣服於殷商以後，其地成爲田獵用地。

〔註32〕饒宗頤：《殷代貞卜人物通考》上冊，頁647。

2. 𢀛方的地理位置

𢀛方和殷將領弜曾經有過衝突行為，又《集》6834：「丙寅卜，爭：乎龍、𢀛、厎（侯）專希収？」得知𢀛方在武丁時期的地理位置和龍方相近。龍方的地理位置，見於《集》6593：「癸丑卜：𩰊往追龍，从柒西及？」10985：「☑龍田于宮」𩰊曾於柒地的西邊追捕到龍方，且龍方和「宮」地理相近。而宮地位於殷的北方偏東處〔註33〕，龍方在宮地附近，而𢀛方在龍方附近，且近於殷將領弜的區域，為殷北偏西處。其可能圖示如下方三個圖：

另外，在𢀛方的同版卜辭還可見到方國「𣄰」，《集》7024：「癸丑卜：𣄰其克叀𢀛？」「乙卯卜：乍弜牽𣄰？」「貞：𣄰不亦來？」可得知「𣄰」近於殷將領「弜」及方國「𢀛」，其可能位置如下：

五、亘方的地理位置

（一）前人之說

「亘」在甲骨卜辭中可以是貞人名，從卜辭內容而言，亘也可以是方國名稱。

張秉權認為卜辭中有亘方之名，貞人亘大概是亘方的首領服務於王朝者。從亘方的叛逆，窺見殷商時代君臣之間關係脆弱的那一面〔註34〕。張氏是在《丙編》304 版的釋文中，談到亘方和殷商的關係，換成《合集》號即6947 版。

張亞初提出亘的實力較㐭強大一點，亘在卜辭中稱為「亘方」。雀、戈、犬等經常征伐、追捕羌人，而亘方的反抗鬥爭也時時對殷商造成威脅。其認

〔註33〕 鍾柏生：《殷商卜辭地理論叢》，頁 98。
〔註34〕 張秉權：《殷虛文字丙編‧考釋》中輯（二），頁 365。

同亘方的地理位置如陳夢家所云，位於山西之垣，地在垣曲西二十里，本為鬼方盤踞之地。張亞初更進一步根據古本《竹書紀年》所載，武乙「三十五年。周王季伐西落鬼戎，俘二十翟王」，認為在這一帶鬼方分成很多方國，僅西落鬼戎即有二十個方國之多，武丁與缶、基方和亘方等方國的鬥爭，應該就是「伐鬼方，三年克之」的總鬥爭中的一部份〔註35〕。張氏的見解頗為特殊，但缶、基方、亘方是否真的為鬼方之一，這或許需要更詳細的比對。

　　鍾柏生根據甲骨卜辭，敘述在第一期卜辭中，亘曾入侵殷的鼓地，而殷方的甶、戈（衛）、雀、昌、犬、戍等均討伐過亘方。其從甶、雀、戍諸地在山西省南部一帶，認為島氏將亘方置於山西陝西交界較陳夢家置亘方於山西省垣曲縣附近來的妥當〔註36〕。鍾氏經由卜辭提出亘方在卜辭中和部分殷將領的互動關係，再由殷將領所封之地推得亘方相對於今日的所在地較符合島氏之說。

（二）甲骨卜辭相關記載

1. 殷與亘方之間的關係

　　「亘」的甲骨字形作「⊟」，僅見於第一期武丁卜辭，卜辭中可以見到亘方和殷商為敵，例：

《集》6943	壬申卜，殷貞：亘、重其戋我？
6945	壬午卜，殷貞：亘允其戋鼓？
6946 正	貞：犬追亘，出及？
6947 正	戊午卜，殷貞：雀追亘，出隻（獲）？
6948 正	癸巳卜，殷貞：乎雀衛伐亘，戋？
6949 正	壬寅卜，殷貞：勿乎雀衛伐亘？
6950	戍雪亘？
6952 正	己亥卜，爭貞：令弗其隻（獲）執亘？
6952 正	乙巳卜，爭貞：雀隻（獲）亘？
20175	癸丑卜：隹亘，受？
20383	丁卯卜：雀隻（獲）亘？
20383	癸亥卜：亘弗夕雀？

〔註35〕張亞初：〈殷墟都城與山西方國考略〉，《古文字研究》第十輯（北京：中華書局，2005年6月一版二刷），頁399～400。

〔註36〕鍾柏生：《殷商卜辭地理論叢》，頁194。

　　20384　　　辛亥，貞：雀牟（執）亘，受又？

　　20393　　　癸亥卜：亘其夕圍雀？

亘在地理位置上近於�方、鼓，和�爲友邦，和殷商爲敵方。然於武丁早期之後，歸順於殷商，已不復見和亘方相互攻伐的辭例，又：

　　《集》6131　　　壬午卜，亘貞：告舌方于上甲？

　　6477 正　　　癸丑卜，亘貞：王叀望乘从伐下危？

　　17585　　　史示四屯。亘。

　　17663　　　☐示五屯屮一𝄂。亘。

亘方儼然成爲殷商的一部分，並且在武丁時期，亘方之族人接受殷的委命，成了貞卜之人以及統理龜甲者。

　　「鼓」的甲骨字形作「鼓」、「鼓」，根據卜辭《集》8291：「貞：翌☐卯，王步于鼓？十二月。」、20075：「己卯卜，王貞：鼓其取宋白（伯）歪，鼓囚，叶朕史（事），宋白（伯）歪从鼓？二月。」商王會到鼓地，並且記錄有鼓取宋伯歪、鼓囚、宋伯歪从鼓等事，鼓應爲殷臣的私名和其封地名。

　　在《集》6947 版中「犬追亘」可見到「犬」這一名詞。「犬」在第一期至第四期甲骨卜辭中都有用爲祭牲，如《集》418：「貞：方帝：一羌、二犬、卯一牛？」中所見到的用法。第一期的「犬」還可作爲貢獻物品，如《集》945 正：「貞：吉來犬？」除此之外，「犬」於甲骨卜辭還可用爲殷商職官名，如第一期所見《集》5048：「己巳卜：王乎犬�我？」、10976：「貞：☐乎犬✙（亞）省，从南？」，第三期《27902》：「戊辰卜：在溸，犬中告麋，王其射，亡戈，毕？」、27919 反：「乙未卜：在盂，犬告又鹿？」從卜辭中看到「犬」的工作和狩獵有關，筆者推測，此職官名會稱作犬，應其有訓養犬隻，利用犬隻的能力，如敏銳的嗅覺、聽覺以協助犬這一職官追捕敵方或是狩獵的工作，因此此職官也稱作犬。故在《集》6947 版中所見到的「犬」應爲殷商職官名稱。

　　2. 亘方的地理位置

　　亘方除了和殷將領雀發生過衝突之外，也和馬方發生過衝突，從衝突的關係中可看出亘方的相關位置，如《集》6943：「壬申卜，毃貞：亘、�其戈我？」、6943：「甲戌卜，毃貞：我、馬及�？」推得亘方近於�方和馬方，應於殷西的位置。又《集》6945：「壬午卜，毃貞：亘允其戈鼓？」中得知亘近於殷商的鼓地，《集》20536：「丙辰☐行，毕鼓，圍于南？」顯示某方圍鼓於

南的方位。故這些地理位置可能圖示，如下：

六、馬方的地理位置

（一）前人之說

島邦男提出馬方見於第一、二期卜辭，其地望則如林泰輔《龜甲獸骨文字》2.15.18 所載「乙卯卜爭貞王其伐馬羌」之辭，是卜王伐馬方和羌方之辭，可知馬方近於羌方〔註37〕。又舉《前》4.46.4「丁未卜爭告曰馬方河東來」有告馬方侵略河東之辭，依馬方和羌方鄰近的事實，島邦男認爲這裡的河東就是指後世魏國安邑附近的河東，故推馬方在羌方之南，位於河西之地。〔註38〕

張秉權認爲「多馬」的「馬」，就是卜辭中「馬方」的「馬」，或單稱爲「馬」，多馬的意思是許多馬方之人。根據卜辭內容，敘述馬方在武丁時期雖然時常與殷爲敵，其後旋即臣服；其爲殷西河東一帶的方國，與羌、或等地相近〔註39〕。張氏的說法大致上承襲島邦男的說法。

鍾柏生提出馬方見於第一期卜辭，亦可省稱爲「馬」，卜辭有「多馬」，多馬之「馬」並不一定指馬方之人，很可能爲官名或是職務名。另有「馬羌」之稱，從「多馬羌」論之，「馬羌」應是專名。馬方與殷邦交不惡，馬方亦有人於殷貢職，從《丙》83 版可證。再引《前》4.46.4 卜辭，認爲馬方於河東附近，此河是指山西、陝西交界之黃河，馬方在今山西石樓縣西〔註40〕。島氏以爲「馬羌」爲馬方和羌方，但鍾柏生認爲「馬羌」爲專名，意思爲何鍾氏未加以說明。

（二）甲骨卜辭相關記載

「馬」的甲骨字形可以分爲三種：第一種爲第一期卜辭常見的寫法，作

〔註37〕 筆者按：林泰輔《龜甲獸骨文字》2.15.18 應爲 2.15.19，島書有誤。
〔註38〕 島邦男：《殷墟卜辭研究》，頁 405。
〔註39〕 張秉權：《殷虛文字丙編・考釋》上輯（一），頁 116；上輯（二），頁 164～165。
〔註40〕 鍾柏生：《殷商卜辭地理論叢》，頁 200～202。

「圖」；第二種同樣是第一期所用的字，為「多馬羌」的「馬」，字形作「圖」；第三種為第三期卜辭中「馬」開始使用的字形，作「圖」。筆者從「多馬羌」的「馬」字字形判斷，「馬羌」應是如鍾柏生所說為專名，故另作一字形，以示分辨。

1. 殷與馬方之間的關係

第一期甲骨卜辭中藉由卜辭的內容見馬方和殷商其他方國的互動關係，例：

《集》6	癸未卜，𡧊貞：馬方其圍，在沚？
6664 正	甲辰卜，爭貞：我伐馬方，帝受我又？一月。
6943	甲戌卜，骰貞：我、馬及圖？
11023	馬其圖？
20630	壬辰卜，王貞：令陝取馬、宁，涉？
《京》1681	□未卜，𡧊貞：馬方其圍？

《集》6、6664 正、20630、《京》168 四版卜辭有貞問「圍馬」、「伐馬」、「取馬」等相關辭例，看可知在武丁早期馬方和殷商為敵對關係。《集》11023「圖」字的字義偏向負面，類似疾病、死亡的意思，卜問的主語通常為殷王、殷將領、子某、婦某等，和殷商關係良好之人。而《集》6943、11023 版卜問殷商和馬方一起捕捉圖方、馬是否會遭遇「圖」，可見在武丁時期即轉變成為殷商友邦。

2. 馬方的地理位置

卜辭中並未確實點出馬方的地理位置，然我們可以藉《集》6：「癸未卜，𡧊貞：馬方其圍，在沚？」在沚這一地點圍馬方，推得馬方在沚方附近，沚方位於殷西，馬方理當也位於殷西。島邦男所提出的《前》4.46.4 即為《集》8609，此版拓片為：

其釋文「丁未卜，爭☐告曰：馬方☐河東來☐？」卜辭中關於方國、方位看見「馬方」、「河東」，或可提供馬方在河東附近，黃河流經山西省的西南境，則山西在黃河以東，故這塊地方稱爲河東。約略圖示如下：

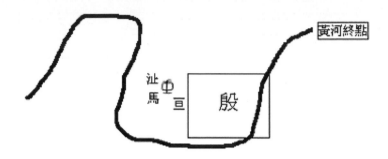

七、曺方的地理位置

（一）前人之說

前人對於「曺」的理解甚少作方國，若要視爲地方，僅解釋作地名。

饒宗頤引商承祚《殷契佚存》532「丁亥卜，㱿貞：𡥝（省）至于曺。」認爲此曺亦作爲《屯乙》6926 所見的曺丘，即廩丘，《左傳》襄公二十六年：「以廩丘奔晉」今山東范縣東南有廩丘城〔註41〕。饒氏認爲「曺」即「曺丘」，《殷虛文字乙編》6926 版爲殘片：

僅有「曺」、「丘」二字，且二字相隔不算近，很難直接說此二字連讀成「曺丘」，故此仍有商榷之處。

〔註41〕饒宗頤：《殷代貞卜人物通考》上冊，頁 110。

姚孝遂認為「啚」為「啚」字的繁體，多用作人名，卜辭每於人名或地名增「口」形〔註42〕。姚氏僅只出「啚」的字形和卜辭中的詞性，未對此字提出其他相關意見。

（二）甲骨卜辭相關記載

「啚」、「啚」字形隸作「啚」，「啚」、「啚」字形隸作「啚」，「啚」、「啚」字形隸作「啚」。「啚」、「啚」、「啚」五期字形變化如下表：

	第 一 期	第 二 期	第 三 期	第 四 期	第 五 期
啚	啚、啚		啚、啚、啚	啚	
啚	啚、啚、啚			啚	
啚	啚、啚			啚、啚	啚、啚

「啚」隸定上同樣是隸作「啚」，《集》13757：「貞：啚其㞢疾？」「貞：啚亡疾？」二辭中的「啚」字為人名。

「啚」、「啚」、「啚」在字用上有混同的情形，如《集》20485：「戊寅卜：方至不，之日㞢曰：方在崔啚？」、27999：「于公（公）啚，其兄（祝）于危方奠？丝（茲）用。」、11003：「癸酉卜，㞢貞：乎泥取虎于敉啚？」皆作「邊鄙」解釋。

「啚」、「啚」也可以作為方國名，如《集》6937：「乙酉卜，貞：乎啚从沚伐獸？」、9810：「庚辰卜，亘貞：啚受年？二月。」、28070：「☐伐啚☐？」在第一期卜辭中可看到「啚方」從「沚方」伐「獸方」、「啚方」受年與否，第三期有「伐啚方」等辭例，皆可證明「啚」、「啚」為方國名稱。

1.殷與啚方之間的關係

在第一期甲骨卜辭中的辭例內容，得知啚方與殷商關係友好，並且聽從殷商王室的指示，可視為殷商附庸方國。然在第三期卜辭中有「伐啚」之詞，可見啚方在廩辛、康丁時期與殷商曾經反目為敵。其相關辭例如下：

　　《集》5450　　　貞：叀多子族令从啚、啙（弓）叶王史（事）？

　　　　6937　　　乙酉卜，貞：乎啚从沚伐獸？

　　　　6939　　　癸巳卜，爭貞：啚伐獸？八月。

〔註42〕于省吾主編：《甲骨文字詁林》第三冊，頁1967。

6943　　癸酉卜，殼貞：宙亡在亘？

6947 正　戊午卜，爭貞：宙戈獸？

9504 正　貞：乎宙歸（歸）田？

9509　　☐乎耤于宙，北沚不☐？

9810　　庚辰卜，亘貞：宙受年？二月。

14128　　貞：乎卣从宙？

28070　　☐伐宙☐？

33074　　己丑卜，貞：宙呂沚正伐𢦏（獸），受又？

從《集》9504 正：「貞：乎宙歸（歸）田？」、9509：「☐乎耤于宙，北沚不☐？」、9810：「庚辰卜，亘貞：宙受年？二月。」顯示出在武丁時期的宙方，除了曾經協助殷商攻打過獸方以外，也是個適合發展農業之地，故殷商在卜問時，甚至關心宙方的農作收成狀況，看宙方當時是否為豐收之年。

2. 宙方的地理位置

關於宙方的地理位置的卜辭辭例，如：

《集》6937　乙酉卜，貞：乎宙从沚伐獸？

6943　　癸酉卜，殼貞：宙亡在亘？

9509　　☐乎耤于宙，北沝（沚）不☐？

14128　　貞：乎卣从宙？

宙方近於「沚」、「亘」、「北沚」等地。「北沚」的「沚」甲骨字形為「沝」，或作「沝」，卜辭中可以見到「東沚」、「南沚」、「西沚」、「北沚」等詞，如《集》8345：「貞：我勿涉于東沝？」、9518：「今𨒅王黍于南，☐于南沝？」、《屯》1111：「甲子，貞：其涉自于西沝？」、《集》9509：「☐乎耤于宙，北沝（沚）不☐？」由此可見「沚」不但是水名，也是地名。「沚」、「亘」二方的位置在論馬方地理位置時即可見如下圖所示：

而亘方近於「沚」、「亘」二方，其位置應在殷西偏南，如下圖所示：

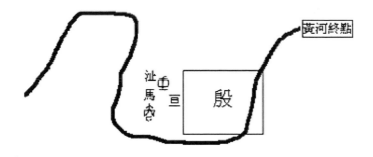

八、猷方的地理位置

（一）前人之說

唐蘭釋「𤿇」為「𤿊」，或作「𤿄」，認為現今這兩個字都皆佚，從「𤰞」之字，後世或改從「覃」。卜辭釋「𤿊」為國名，蓋即「砛國」的本名，後人既寫為「𤿄」，《說文》：「砛，國也，齊桓公之所滅」經傳多叚譚為之。《春秋》莊公十年：「齊師滅譚」，杜預注：「譚國在濟南平陵縣西南」，即今山東歷城縣東南〔註43〕。唐氏引《說文》對「砛」的解釋，搭配《春秋》所記，認為「𤿊」即「砛」，文獻中記為「譚」，並且附上今日相對位置。

饒宗頤提出舊釋為「猷」，今定為「𤿄」〔註44〕。饒氏同樣也在文中引《說文》以及《春秋》莊公十年的文獻記載，同唐蘭云「譚」在今日山東歷城縣東南。

裘錫圭引《合集》6937：「乙酉卜□貞：呼亘比沚伐𤿄」和《粹》1164：「己丑卜貞：亘吕沚正伐狃受又」認為此二辭應該是為同一件事而占卜，因干支只差四天，所以「𤿄」、「狃」當是一字異體，且在賓組卜辭中的「𤿄」、「𤿇」也許不應釋為「𤿄」〔註45〕。裘氏在此文中，對於「𤿇」的看法，在於隸定的部份。其隸定「𤿇」為「𤿄」，和「狃」為異體字，並認為「𤿄」、「𤿇」可能不同於「𤿄」。故「𤿄」、「𤿇」、「𤿄」是否為一字仍待商榷。

（二）甲骨卜辭相關記載

關於前人對於猷方的隸定，或有不同，然筆者仍從羅振玉《增訂殷虛書

〔註43〕唐蘭：《殷虛文字記》（台北：學海出版社，1986年8月初版），頁35～36。

〔註44〕饒宗頤：《殷代貞卜人物通考》上冊，頁194～195。

〔註45〕裘錫圭：〈論「歷組卜辭」的時代〉，《古文字研究》第六輯（北京：中華書局，2005年6月一版二刷），頁315～316。

契考釋》所釋〔註 46〕，釋作「猷」。「猷」在字形上，如裘錫圭所言「[illegible]」、「[illegible]」，由《集》6937：「乙酉卜，貞：乎〔亩〕从沚伐[illegible]（猷）？」、33074：「己丑卜，貞：亩𠂤沚疋伐[illegible]（猷），受又？」二辭例可證明爲異體字。

1. 殷與猷方之間的關係

「猷」爲第一期甲骨卜辭的方國名，與殷商爲敵對國家。例：

《集》3061		□未卜，爭貞：我𢦏猷？在[illegible]（寧）。
	6926	乙丑卜，王貞：余伐猷？
	6928 正	甲申卜，王貞：余征猷？六月。
	6929	丁丑卜，㱿貞：我伐猷？
	6931	庚寅卜，㱿貞：乎雀伐猷？
	6934	己卯卜，貞：叀[illegible]伐猷？
	6937	乙酉卜，貞：乎〔亩〕从沚伐猷？
	6939	癸巳卜，爭貞：亩𢦏猷？八月。
	6942	貞：猷伐𣒼，其𢦏？
	6943	丁未〔卜〕，王貞：余首隻（獲）猷？六月。
	6947	戊午卜，爭貞：亩𢦏猷？
	33074	己丑卜，貞：亩以沚疋伐猷，受又？
《英》601		貞：叀多子乎伐猷？
	604	乙亥卜，㝉貞：勿伐猷？

殷商武丁時期和猷方有過衝突關係者爲雀、[illegible]、方、沚疋等殷商將領和其他方國。卜辭中的記載可看到六月份和八月份，因此筆者認爲猷方和殷商之間的征戰關係陸陸續續至少長達兩個月之久。

2. 猷方的地理位置

猷方相對於殷商的地理位置或可從《集》3061：「□未卜，爭貞：我𢦏猷？在[illegible]（寧）。」、6937：「乙酉卜，貞：乎〔亩〕从沚伐猷？」推得猷方除了近於殷商以外，還近於亩、沚二方。在卜辭中可看到亩方對於猷方不利的辭例多於沚方對猷方不利的辭例，故猷方應介於亩、沚二方之間，並且較近於亩方。其可能圖示如下圖：

〔註 46〕羅振玉：《增訂殷虛書契考釋》殷中（台北：藝文印書館，1981 年 3 月四版），頁 72。

九、基方的地理位置

（一）前人之說

在卜辭中可以見到「基方」明確爲一方國之稱，學者對於基方的看法如下：

郭沫若釋此字爲「其」，其疑其方即箕子所封邑之箕〔註47〕。郭氏僅說疑其方即箕子所封邑之箕，而並未說其所認爲箕子所封邑之箕所在爲何。

陳夢家列出《乙》2108「子齎伐基方」、「子齎戈基方、缶」、《乙》5765「基方、缶乍郭」等卜辭。對於「其」基本上從郭沫若所釋，以爲箕子所封邑，並且認爲基方或者是冀方。《左傳》哀公元年引〈夏書〉：「惟彼陶唐，帥彼天常，有此冀方」，又僖公二年晉獻公伐虢「使荀息假道於虞曰冀爲不道」，杜注云「冀，國名，平陽皮氏縣東北有冀亭」，今山西河津縣境。「郭（郭）」疑即「虢」，在今平陸縣，地相近也。〔註48〕

饒宗頤認爲「其」字從土從其，乃「其」之繁體，古「其」、「基」一字。引《左傳》成公十三年：「焚我箕、郜」、《方輿紀要》：「箕山在解州平陸東北」疑即古基方地〔註49〕。饒宗頤對於「其」和「箕」透過何種關係可以證明二字等同，則未加說明。

島邦男根據卜辭內容《乙》2180：「☒☒☒☒☒☒☒其♀☒」，說「其♀☒」即是其♀的☒地，卜辭意思爲殷遣將領攻擊其方的☒地之事，再根據《後》上9.7：「☒☒☒☒☒☒☒于♀二☒」卜敦伐☒地於♀之事，說明☒地在♀，而♀在河曲附近乃至巴蜀之地，☒地便在其間。對於「其」的隸定，先提出前人的隸定，羅振玉釋「冀」、郭沫若釋「基」，陳夢家從郭沫若釋「基」，且謂「基方或是冀方」。然島邦男認爲冀方與其方的地望根本不同，所以認爲陳說不妥。又第一期土字絕無作⊥形之例，因此郭氏之說也不可從〔註50〕。島氏僅說基方

〔註47〕郭沫若：《郭沫若全集・卜辭通纂》，頁447。
〔註48〕陳夢家：《殷虛卜辭綜述》，頁287～288。
〔註49〕饒宗頤：《殷代貞卜人物通考》上冊，頁175。
〔註50〕島邦男：《殷墟卜辭研究》，頁405～406。

的缶地位於何處，而未說實際上基方的所在位置。在隸定上，並沒有否定羅振玉所釋之字「冀」，應是認同此說。

張秉權認爲陳夢家提出基方乃〈禹貢〉冀州，這一看法也許是對的，但是〈禹貢〉冀州所包括的地域很大，今河北山西以及河南省的黃河以北之地都在其範圍之內，所以基方不必就是冀國。張秉權則假定缶在定陶，蜀在泰安，基方在殷之東北齊燕之間。〔註51〕

鍾柏生釋「凵屮」爲冀方，其指出冀方只見於第一期卜辭，而「缶」見於第一、四期，故鍾柏生推測缶應爲冀方之一族。冀方缶之地望，依其字形考釋，有二種說法，首先，如陳夢家《殷墟卜辭綜述》所言，基方或者是冀方，〈禹貢〉冀州所來；次者，如島邦男、李孝定之說，島邦男不以「基」爲「基」字，因其認爲第一期卜辭土字無作「↓」之形，李孝定《甲骨文字集釋》亦言如是，置「凵」於「冀」字下。而「缶」的地望應是「陶水」之陶在今西韓城才是，「凵方」在山西榮河、河津縣以西，陝西韓城一帶。

前人對於基方所在位置，基本上可分爲五種說法：第一，認爲箕子所封邑；第二，認爲基方同於冀方，國名，位於平陽皮氏縣東北之冀亭；第三，即箕山，在解州平陸東北；第四，基方在殷之東北齊燕之間；第五，位於山西榮河、河津縣以西，陝西韓城一帶。

（二）甲骨卜辭相關記載

1. 殷與基方之間的關係

「基」的甲骨字形爲「凵」，爲武丁時期方國名稱，僅見於第一期甲骨卜辭。其相關辭例：

《集》6570　　乙酉卜，內貞：子斮戈基方？三月。

　　6571正　　辛丑卜，㱿貞：今日子斮其𠬝基方、缶，戈？五月。

　　6571正　　壬寅卜，㱿貞：自今至于甲辰子斮戈基方？

　　6571正　　壬寅卜，㱿貞：尊雀叀冎𠬝基方？

　　6572　　癸未卜，內貞：子斮戈基方、缶？四月。

　　6573　　甲戌卜，㱿貞：雀𠈽（人？及？）子斮𠬝基方，克？

　　6577　　乙亥卜，內貞：今乙亥子斮𠬝基方，戈？

　　6578　　丙午卜，㦰貞：翌丁未子斮戈基方？

〔註51〕張秉權：《殷虛文字丙編·考釋》上輯（二），頁255。

13514 正　辛〔卯〕卜，𣪘貞：勿𣪘，基方、缶乍郭，子𢦏𢦏？
　　四月。

從卜辭記錄得知基方和殷商關係並不友好，殷商將領子𢦏、雀陸續對基方展開攻擊行動，其間歷經三月、四月、五月，至少長達三個月之久。

2. 基方的地理位置

《集》6571 正：「壬寅卜，𣪘貞：尊雀叀亘𢦏基方？」可見到亘方和基方同辭之例，可見亘方和基方地理位置相近。雀爲殷西將領，亘方爲殷西方國，基方應介於殷商和亘方之間的位置，理當也爲殷西方國。其圖示如下：

十、缶方的地理位置

（一）前人之說

關於「缶」字，究竟爲方國或是單純地名，學者說法不一。

陳夢家指出《說文》匋下云「〈史篇〉讀與缶同」，所以其認定「匋」、「缶」古是一字。又疑「匋」即「陶」，引《漢水注》卷四「漢水又南逕陶城西，……陶城在蒲坂北，城舜所都也，南去歷山不遠」今永濟縣〔註 52〕。對於陳氏的說法，基本上李孝定、饒宗頤等學者從其說。

張秉權認爲缶在今山東定陶縣〔註 53〕。張氏在考釋中提出此一看法，並未說明其是基於何種因素而定「缶」地在今日山東定陶縣。

屈萬里在《甲》224：「丁丑卜：在尤，缶一人？一月」的考釋中提出在金文〈京姜鬲〉中，「其永寶用」之「寶」作「缶」，可知「缶」與「寶」通，故「缶」隸定作「缶」，讀爲「寶」，義與「保」通〔註 54〕。屈氏此處，將「缶」視爲動詞而非方國名稱或地名。張亞初也同樣提出金文中「寶」作「缶」形之例，並且引《左傳》成公十三年，晉侯使呂相絕秦所云：「伐我保城，殄滅我費滑」，認爲此「保城」即甲古文中的缶地。再從〈寶弃生鼎〉銘文中，寶是

〔註 52〕陳夢家：《殷虛卜辭綜述》，頁 293～294。
〔註 53〕張秉權：《殷虛文字丙編・考釋》上輯（二），頁 248。
〔註 54〕屈萬里：《殷虛文字甲編考釋》。

媿姓國族，所以其女稱爲成媿，由此證明甲骨文中的方國缶，是一媿姓國族，爲鬼方方國〔註55〕。金文中或有「寶」作「𡒋」的字形，但是文獻中的「保城」是否即爲缶地，有商榷之處。

（二）甲骨卜辭相關記載

1.殷與缶方之間的關係

「缶」甲骨字形作「𡒋」，爲甲骨卜辭第一期的方國名稱，在武丁早期時與殷商爲敵對關係，而在武丁中期或晚期的時候臣服於殷商。其相關辭例：

《集》6571　辛丑卜，㱿貞：今日子𡚸其𢼛基方、缶，戈？五月。

6572　癸未卜，内貞：子𡚸戈基方、缶？四月。

6834　庚申卜，王貞：雀弗其隻（獲）缶？

6861　丁卯卜，㱿貞：王章缶于罒？

6861　癸亥卜，㱿貞：我史戈缶？

6864　庚辰卜，㱿貞：王章缶于□？

6867　丁酉卜，㱿貞：王叀乙章缶，戈？

6871　☑伐缶？

6875　☑雀弗其𢆶缶？

6989　□□卜，㱿貞：缶其戈雀？

10241　缶不其隻（獲）豕？十月。

17100　甲辰卜，爭貞：缶其𡆧？

20222　庚申卜：令缶豕，菁□？

20223　辛卯卜，扶：令缶豕？

20224　辛丑卜，曰：缶亡以豕，出奴？

20449　壬寅卜，扶：缶从方允執，四日丙午菁方，不隻（獲）？

20524　乙酉卜，王：章缶，受又？

20526　辛巳卜：令雀□其章缶？

缶方在武丁早期曾嘗試對殷將領雀造成傷害，在此時武丁曾派子𡚸、雀等將領攻擊缶方，並且從《集》10241：「缶不其隻（獲）豕」、20222：「令缶豕」、20224：「缶亡以豕」等記錄缶進行的狩獵行動，證明缶方已在當時臣服於殷商。於武丁以後，不復見缶方作亂的相關辭例。

〔註55〕張亞初：〈殷墟都城與山西方國考略〉，《古文字研究》第十輯，頁397～399。

2. 缶方的地理位置

從《集》6571：「辛丑卜，敵貞：今日子籠其骨基方、缶，找？五月。」、6834：「庚申卜，王貞：雀弗其隻（獲）缶？」、6861：「丁卯卜，敵貞：王重缶于罛？」可知缶方的地理位置近於基方、罛地以及殷將領雀的所在位置。罛地和曽方也曾出現於同一辭，即《集》5450：「貞：更多子族令从亯、𤔲（罛）叶王史（事）？」可見缶方應近於基方、曽方等方國。因曽方和其他方國之間的相對位置，故筆者認爲「罛」地如陳夢家認爲的「旬」字〔註56〕，饒宗頤指出：

陳夢家改釋「旬」讀爲荀是也。《說文》：「郇，周武王子所封國，在晉地。讀若泓。」《左》僖二十四年：「盟于郇。」《水經·涑水注》：涑水又西逕郇城。《詩》：「郇伯勞之，故蓋其國」《括地志》：「郇城在（今山西）猗氏縣西南四里」。〔註57〕

故可證缶方位於殷西。若以簡易圖示呈現，有下列二種可能圖示：

十一、宙方的地理位置

（一）前人之說

前人對於「宙」，因礙於甲骨資料有限，故對其的論述也有限。

張秉權指出「宙」從「宀」，「㞷」聲，疑爲「胄」字，在卜辭中爲地名，但在卜辭中不常見〔註58〕。張氏僅說「宙」爲方國，其未對「宙」提出相對於今日位置，或是於卜辭中和其他方國的互動關係。

饒宗頤釋此字爲「宙」，爲國名，疑即「郮」。《說文》謂在左馮翊高陵。《玉篇》高陵縣有郮亭，在今陝西西安高陵縣〔註59〕。饒氏應是認爲「宙」即今陝西西安高陵縣。

〔註56〕陳夢家：《殷虛卜辭綜述》，頁295～296。
〔註57〕饒宗頤：《殷代貞卜人物通考》上冊，頁189。
〔註58〕張秉權：《殷虛文字丙編·考釋》上輯（一），頁3～4。
〔註59〕饒宗頤：《殷代貞卜人物通考》上冊，頁406。

（二）甲骨卜辭相關記載

1. 殷與宙方之間的關係

「宙」的甲骨字形爲「𠕁」，爲武丁時期方國名稱。宙方於武丁時期和殷商爲敵對關係，其辭例如下：

《集》1027 正　戊午卜，𣪊：我𤔲（臺？）宙，戈？

6829　☐伐宙？

6830　壬子卜，𣪊☐戈宙？王固曰：吉戈，旬出三日甲子允戈。十二月。

6832　癸丑卜，內：我弗其戈宙？

6834 正　壬子卜，爭貞：自今日我戈宙？

6834　癸丑卜，〔爭〕貞：自今至于丁巳我戈宙？王固曰：丁巳我亡其戈，于來甲子戈，旬出一日癸亥車弗戈，之夕𡆥，甲子允戈。

20530　辛卯〔卜〕，王：臺宙，受又？十二月。

「𤔲宙」、「戈宙」、「伐宙」、「臺宙」等攻伐宙方的記載僅見於武丁時期，故宙方在武丁以後即歸順於殷商。

2. 宙方的地理位置

關於宙方的地理位置，從記載宙方的卜辭中無法直接得知，僅能從同版卜辭相關內容推測，《集》6834 可以看到與宙方同版其他二方國缶方、先方，在辭例中有「獲缶」、「戈缶」、「獲先」的辭例，如：

《集》6834　壬子卜，爭貞：自今日我戈宙？

6834　癸丑卜，〔爭〕貞：自今至于丁巳我戈宙？王固曰：丁巳我亡其戈，于來甲子戈，旬出一日癸亥車弗戈，之夕𡆥，甲子允戈。

6834　癸丑卜，爭貞：自今至于丁巳，我弗其戈宙？

6834　庚申卜，王貞：余方（伐）不？三月。

6834　庚申卜，王貞：雀弗其隻（獲）缶？

6834　癸亥卜，𣪊貞：我史戈缶？

6834　乙丑卜，𣪊貞：子𩰲弗其隻（獲）先？

同版卜辭中的事件，以干支表排列，則可表示如下：

49 壬子	伐宙	50 癸丑	伐宙	51 甲寅	伐宙	52 乙卯	伐宙	53 丙辰	伐宙
54 丁巳	伐宙	55 戊午		56 己未		57 庚申	獲缶	58 辛酉	
59 壬戌		60 癸亥	伐缶	01 甲子	伐宙	02 乙丑	獲先	03 丙寅	

　　「獲缶」和「獲先」的地點未標示，故無法得知是在缶地、先地，還是殷商領土上捕獲到缶、先之人，卜辭上「伐缶」和「伐宙」的事件，只有一日之隔，可當作二地相隔距離所需日程。若以圖表示則如下：

十二、花東卜辭中卲方的地理位置

　　卲方為武丁早期非王卜辭中所見到的敵對方國，殷商攻伐卲方，卲方不敵殷商的攻擊，因而臣服於殷商王朝，故武丁早期時候，卲方由敵方轉成友邦。關於卲方位置的辭例如下：

　　　《花》179　　丁未卜：叀卲乎勾宁$\blacksquare$？

　　　　237　　辛未卜：丁隹好令从〔白〕正伐卲？

　　　　275　　辛未卜：丁〔隹〕子〔令〕从白正伐卲？

　　　　449　　辛未卜：白正再冊，隹丁自正（征）卲？

　　　　449　　辛未卜：丁弗其从白正伐卲？

　　　　467　　戊卜：叀卲乎勾？不用。

《花》179 和 467 可證明花東卜辭的「卲」可作「卯」。在歷組卜辭有「正」和「卯」的辭例：

　　　《集》33074　　乙丑卜，貞：賈以沚正伐猷，受又？

　　　　33111　　癸亥卜：王叀正从？

　　　　32571　　□羊二十于卯，若？

　　　　35174　　甲戌卜燎羊二十于卯？

由花東「从白正伐卲」可以知道「白正」的地理位置和「卲方」相近，又《集》33074 可以看到「賈」、「沚正」、「猷」的地理位置相近，可見「卲方」離「賈」、「沚」、「猷」的距離不至於太遠，應當都是殷商西側的方國。其可能位置如下二圖所示：

　　之前即談到「亶」在武丁早期和殷商友好，可視爲殷商的附庸族，此時的亶、沚和殷商爲同一陣線，共同對付與商爲敵對的歔方，因此「白正」、「卲方」出現的時間點，也應當在武丁早期左右，不晚於武丁中期。《集》32571、35174歷組卜辭出現的「卯」應該就是花東卜辭中看到的「卯（卲）」，從「伐卲方」到「乎卯（卲）」，看到了「卯（卲）」從殷商的敵對方國轉變成友邦部族，直到歷組卜辭在卯地進行祭祀的儀式，可見此時的卯（卲）已經成了殷商的一部份。

十三、殷商武丁早期所有方國的位置

　　在殷商武丁早期甲骨卜辭中，所見到的方國多集中於殷西。這些方國之間的關係如下表所呈現：〔註60〕

	貞　人	同辭殷之附庸國及殷將領	同版或同辭其他方國	同辭地名	友好方國	敵對方國	位置
羌	設、王、宁、叶	甾、光、弜、疋、黽、臭、𡊬、𦰩、甫、臣、雀	戉、𢦏、望、牧、沚、旨、龍	鬲		殷商、戉、𢦏、望、牧、沚、旨、龍	殷西
沚	宁、設、王	甫	馬、土、吾、卬、羌、亶		殷商、亶	土、吾、卬、羌	殷西
屮	爭、王、設、㕭	帚好、弜、臣	戉、沚、卬、亘、馬		亘	殷商、馬	殷西
𢦏	爭、王	雀、弜、專	羌、龍		殷商、龍	殷商、羌	殷北偏西
亘	設、爭	鼓、雀、戉	屮		屮、殷商	殷商	殷西
馬	宁、爭、設、王	陝	沚、屮		殷商、屮	殷商	殷西
亶	爭、設、亘	㐁、亘	沚、歔	罟、北沚	殷商、沚	歔	殷西

〔註60〕 此表格參朱師歧祥：《甲骨文研究——中國古文字與文化論稿》（頁442～443）
　　　　中表格所作，以利於迅速得知殷商王室與各方國以及方國之間的互動關係。

猷	爭、王、戲、方	雀、多子	亘、沚、棘	寧		殷商、亘、沚	殷西
基	內、戲、㳄	子齊、雀	缶、亘		缶	殷商、亘	殷西
缶	戲、內、王、爭、扶	子齊、雀	基	罙	基、殷商	殷商	殷西
宙	戲、內、爭、王		缶、先				殷西
卲		丁、帚好、子	白正		殷商	殷商、白正	殷西

　　這十二個方國和殷商之間的關係，可分成十點簡述：第一，羌方於武丁時候和殷商有過爭戰行為，武丁時期以後的羌人淪為殷商的奴隸與祭牲；第二，沚方為武丁時期的方國，在武丁早期和殷商成為友好關係，並且成為殷的附庸國；第三，㞢方和殷商的關係時好時壞，在雙方關係較為友好時，㞢方即協助商王室打獵以及追捕其他方國之人；雙方關係交惡時，商王、殷將領則派兵攻打、追擊㞢方；第四，在武丁早期彳方和殷商是屬於敵對關係，而在武丁早期近中期時彳方臣服於殷商，成為殷商的附庸國；第五，亘方於武丁早期為殷商敵對方國，於武丁早期之後，歸順於殷商，已不復見和亘方相互攻伐的辭例，並且在武丁時期亘方之族人接受殷的委命，成了貞卜之人以及統理龜甲者；第六，馬方在武丁早期為殷商敵對方國，於在武丁中晚期即轉變成為殷商友邦；第七，亘方在武丁時期與殷商關係友好在，並且聽從殷商王室的指示，可視為殷商附庸方國。然在第三期卜辭中有「伐亘」之詞，可見亘方在廩辛、康丁時期與殷商曾經反目為敵；第八，缶方在武丁早期時與殷商為敵對關係，而在武丁中期或晚期的時候臣服於殷商。武丁以後，不復見缶方作亂的相關辭例。第九，猷方、基方、宙方為武丁時期的方國名稱，與殷商為敵對國家，僅見於第一期甲骨卜辭；第十，卲方為武丁早期非王卜辭中所見到的敵對方國，在武丁早期結束前，卲方由敵方轉成友邦。

　　以上方國以一張簡易圖表示，則如下圖所示：

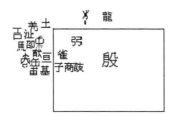

此為各方國大略位置所在，但其間的距離為何，則無法詳細推算。

第五章　武丁早期王卜辭和非王卜辭於征伐前後的活動

　　本章將範圍鎖定在武丁時期王卜辭和非王卜辭，首先探討於爭戰前後所進行的祭祀活動，再者探論邦國、殷臣於納貢行為的差異性。

第一節　征伐前後的祭祀活動

　　本節探討殷商時期進行戰爭前所後舉行的祭祀儀式。於甲骨卜辭中戰爭前後的祭祀可分為兩種，第一種是與戰爭行為不同天卜問或祭祀先祖；第二種是與戰爭行為同天卜問或祭祀。於戰爭前後或是與戰爭同時卜問、祭祀於先祖的心態也有兩種，一種主要是認為先祖和戰爭之間有因果關係存在，殷人將戰爭視為是祖先降禍而有之。另一種則於卜問戰爭行為的同時，也卜問所祭祀、告知祖先欲出外爭戰，並且祈求祖先庇祐爭戰得勝。

　　如何判定部份祭祀卜辭和戰爭卜辭之間的關聯，筆者認為於同版的甲骨中，同時記有戰爭和祭祀這兩種內容，而未記有其他關於疾病或是占問天氣、狩獵等等其他行為的卜辭，此類的祭祀卜辭和戰爭卜辭之間必有其關聯性，應為戰爭前求祐於先祖，或是戰爭後用於感謝先祖對於戰爭的庇祐，故本節即以這一類型的甲骨卜辭為討論範圍。

一、王卜辭中爭戰前後所進行的祭祀

（一）與戰爭行為同天卜問或祭祀

1. 求祐於先祖

　　和戰爭行為同天卜問，或是同天祭祀先祖的卜辭，可分為三類：第一類，

求佑於先祖；第二類，求佑於自然神；第三類，卜問是否爲先祖降災。這三類又有「同版同辭」、「同版異辭」之分：〔註1〕

（1）同版同辭

戰爭方國和祭祀行爲於同版同辭的情況下，多以「告某方于某先祖」的形式呈現。例：

《集》6131 正　壬寅卜，亘貞：告舌方于上甲？

6131 正　☒〔告〕舌方于示壬？

6132　貞：于報乙告舌方？

6133　告于上甲？

6134　貞：告舌方于上甲？

6135　貞：告于唐？

6135　貞：告舌方于上甲？

6138　貞：告舌方于唐？

6139　貞：〔于〕大丁告舌方？

6139　貞：于大甲告？

6139　貞：于唐告舌方？

6142　告舌方于寅尹？

6142　貞：于大甲告舌方出？

6145　告舌方于祖乙？

6157　☒〔于〕王亥匄舌方？

6347　☒，㱿貞：舌方　率伐不，王其正（征），告于祖乙，匄又？

6385　癸巳卜，爭貞：告土方于上甲？四月。

6387　告土方于唐？

6527　丁巳卜，宁貞：燎于王亥十罟、卯（刌）十牛、三青，告其从望乘正（征）下危？

6667　☒輿其𢔉（途）虎方，告于祖乙？十一月。

6667　☒其𢔉（途）虎方，告于丁？十一月。

6667　☒輿其𢔉（途）虎方，告于大甲？十一月。

〔註1〕所謂的「同版異辭」即在同一塊甲骨上，但不是同一條辭例；「同版同辭」即在同一塊甲骨上，也是同一辭例。

7084　　　　貞：令臿方（伐）東土，告于祖乙于丁？八月。

10084　　　乙〔亥〕卜，爭貞：酌危方以牛，自上甲？一月。

上述辭例如《集》6133「告于上甲」一辭的句型，句中省略告的對象「舌方」，完整辭例應爲「告舌方于上甲」。《集》6132「于報乙告舌方」爲「告舌方于報乙」的倒裝句型，強調祭祀的對象爲「報乙」。《集》6133「告于上甲」的同版有另一辭「貞：于河告舌方？」故可知道「告于上甲」爲「告舌方于上甲」的省略。《集》6157「〔于〕王亥匄舌方」爲「匄舌方〔于〕王亥」的倒裝句型，這邊所見到的「匄」用法同於「告」，用爲祈求先祖庇祐出師於舌方能順利。《集》7084「令臿方（伐）東土」中「東土」爲殷商東方之泛稱。「告」於此的用法爲祭祀的一種，《說文》：「祰，告祭也。」〔註2〕饒宗頤《通考》在貞人「吳」卜祭祀的段落中，於「告大室」一例，引《金璋》四六〔註3〕「己丑卜，吳貞：其禑（奠）告于大室」，並爲此加上按語：

　　《通典》禮十五有「告禮」一項。周制，天子將出，類乎上帝，造乎禰，太祝告，王用牲幣。《六戴禮・遷廟》：「凡以幣告，皆執幣而告，告畢，乃奠幣于几東，小牢升，取幣埋兩階間。」蓋巡狩、遷廟、征伐諸大事，皆告于宗廟（及百神）也。〔註4〕

從卜辭中「告某方于先公先王」、「告于先公先王」的句型，因其所接的對象（賓語）爲先祖名稱，更可以確定「告」於此種句型中爲祭祀動詞。《集》10084「酌危方以牛，自上甲」一辭的意思爲「用牛這種祭牲酌祭自先祖上甲，祈求攻伐危方順利」，酌祭的對象不一定只有上甲，但是祭祀活動從祭祀上甲開始。

（2）同版異辭

在同版異辭中，同版的記錄上，除了記有戰爭卜辭以外，僅有記錄祭祀卜辭，筆者認爲此種版面的戰爭卜辭和祭祀卜辭有著密切關係。此種僅有戰爭卜辭和祭祀卜辭的記錄者，有下列幾組辭例：

《集》6109　　　貞：舌方其出？

6109　　　　貞：出于父？

《集》6144　　　貞：乎吳取？

〔註2〕　〔清〕段玉裁：《說文解字注》，頁4。
〔註3〕　《金璋》四六即《合集》號41184。
〔註4〕　饒宗頤：《殷代貞卜人物通考》下冊，頁968。

6144　　　　貞：出于羌甲？

6144　　　　貞：〔出〕□祖丁？

《集》6156 正　貞：匄舌方？

6156 正　　貞：出于祖乙五宰？

6156 正　　貞：于岳匄？

6156 正　　貞：匄舌方？

《集》6336　　貞：出于祖丁？

6336　　　　貞：勿戋舌方？

《集》6478　　貞：來乙亥出于祖乙？

6478　　　　貞：出于祖辛？

6478　　　　貞：王勿隹帚好从沚戜伐𢀛方，弗其受出又？

《集》6664　　甲辰卜，爭貞：我伐馬方，帝受我又？一月。

6664　　　　貞：出于上甲：三宰，告我𠭯（報）衛？

6664　　　　貞：一宰于上甲，告我𠭯（報）衛？

6664　　　　貞：出于示壬？

《集》6109 此辭雖然辭例簡短，卜問「舌方其出」及「出于父」，意思即是卜問舌方會不會出現並且對於殷商領土造成災害，故求佑於父，此「父」所指爲何無法得知，因此只能看見求佑對象爲父親這一輩的。《集》6144 一版尚有另一辭「于大甲告舌〔方〕」，因此「乎𡥀取」所取的對象應爲舌方，除了求佑於和舌方同辭的先公先王「大甲」以外，也祈求羌甲、祖丁，希望抓取舌方這件事能順利。

（3）同版同辭與同版異辭的異同點

筆者根據上述同版同辭及異辭的卜辭，將進行征伐行動者、征伐對象、祭祀活動，以及祭祀活動中的祭祀對象、祭祀物品列出下列的表格：

同　版　同　辭						同　版　異　辭					
合集卜辭	行征伐者	征伐對象	祭祀名稱	祭祀對象	祭祀物品	合集卜辭	行征伐者	征伐對象	祭祀名稱	祭祀對象	祭祀物品
6131		舌方	告	上甲		6109		舌方	出	父	
				示壬		6144	𡥀	舌方	出	祖丁	
6132		舌方	告	報乙					出	羌甲	
6133		舌方	告	上甲		6156		舌方	出	祖乙	五宰

編號					
6134		舌方	告	上甲	
6135			告	唐	
6135		舌方	告	上甲	
6138		舌方	告	唐	
6139		舌方	告	大丁	
6139			告	大甲	
6142		舌方	告	唐	
6142		舌方	告	寅尹	
6142		舌方	告	大甲	
6145		舌方	告	祖乙	
6157		舌方	勹	王亥	
6347	王	舌方	告勹	祖乙	
6385		土方	告	上甲	
6387		土方	告	唐	
6527		下危	燎	王亥	十牢 十牛 三青
6667		虎方	告	祖乙	
6667		虎方	告	丁	
6667		虎方	告	大甲	
7084	辜	東土	告	祖乙	
10084		危方	酚	上甲	牛
6336		舌方	出	祖丁	
6478	帚好	印方	出	祖乙	
6478			出	祖辛	
6664		馬方	出	上甲	三牢
6664				上甲	一牢
6664			出	示壬	

　　戰爭、祭祀行為在同版同辭、同版異辭的相同處有四點：第一，在於征伐的對象大都以「舌方」為主，可見「舌方」在殷商武丁中晚期為主要的外患；第二，卜辭中不常記錄進行征伐的人如殷王、殷將領等，可見此卜辭的重點不在於此，而是在征伐的對象；第三，在祭祀行為中，必定會記錄祭祀的對象，而較少見到祭祀內容物，即祭牲、祭品，可見卜辭記錄的重點除了征伐對象以外，還包括了祭祀的對象；第四，所祭祀的對象皆為男性先祖，筆者依此認為在武丁時期的王室，認為祭祀男性先祖對於戰爭是有所助益的。

　　在同版同辭中，可見到兩位進行征伐者，一是殷王，一是殷將領「辜」。

在征伐對象上，有「舌方」、「土方」、「下危」、「虎方」、「危方」等方國以及位於東土的其他方國。求佑於先祖的祭祀爲「告」、「勹」、「燎」、「酌」四種祭祀方法，求佑的先祖有王亥、上甲、報乙、示壬、唐、大丁、大甲、祖乙、丁、寅尹，在此類卜辭中有記錄祭牲的卜辭有《集》6527 中的「十宀、十牛、三青」，以及《集》10084 的「牛」。

在同版異辭中，《集》6144、6478 可以看到兩位進行征伐的將領「美」、「帚好」。在征伐的對象上，有「舌方」、「印方」、「馬方」三個方國。求佑於先祖的祭祀皆爲「虫」祭，所祭祀的對象有上甲、示壬、祖乙、祖辛、羌甲、祖丁、父某等先祖，在此類卜辭中可以見到的祭牲皆爲宰牲。

2. 求佑於自然神

卜辭中「岳」、「土」、「河」等的自然神受到殷人祭祀。殷人在戰爭前求佑於自然神的辭例中，都只見到所祭祀的對象，而未記錄祭祀的內容物，可見在此種祭祀中，較重視祭祀對象以及所要攻伐的方國對象。戰前求佑於自然神的辭例同樣有同版同辭、同版異辭兩種，如下：

（1）同版同辭

在同版同辭求佑於自然神的辭例如下列所舉之例：

《集》6133　　貞：于河告舌方？

6203　　壬申卜，毃貞：于河勹舌方？

卜辭中所見到的「河」可用於黃河專有名詞，如《集》5566：「癸巳卜，□貞：令自般涉于河東？」8609：「丁未卜，爭□告曰：馬方□河東來□？」而《集》6133、6203 二辭例中的「河」爲祭祀對象，爲河神。《集》6133、6203 二辭的語法句型也相同，爲「告舌方于河」、「勹舌方于河」之倒裝句，強調「告于某」的「某」爲「河」。自然神「河」在殷商卜辭中其能力與岳神相當，殷人也向河神祈求豐年、祈求降雨，河神也是會降災於殷人。

（2）同版異辭

《集》6097　　甲午卜，𢎥貞：舌出囗？

6097　　甲午卜，𢎥貞：出于岳？

6156 正　　壬寅卜，爭貞：于今勹舌方？八月。

6156 正　　貞：于岳勹？

《集》6097 二辭卜問內容卜問舌方出現與否，不知其是否會對殷商有所傷害，故求佑於「岳」。《集》6156 此版卜辭可看到「勹」字，這一個字於此的用法

和「告」相當，當動詞使用，「于岳匄」為「匄于岳」的倒裝，「匄𡆬方于岳」的省略。

在卜辭中「岳」此一自然神除了能庇佑殷商征伐相關事以外，尚有其他利於農作及降災於殷的能力，例如《集》385：「貞：來年于岳燎三小宰、卯（劋）一牛？」殷人向「岳」祈求豐年，《集》14207正：「貞：舞岳，㞢雨？」14468：「貞：取岳，㞢雨？」殷人對「岳」進行了「舞」、「取」兩種祭祀，用以祈求降雨，《集》14488：「庚□□，爭貞：岳壱我？」中「岳」的降災行為。

另外殷人也會對「岳」舉行不定期的祭祀活動，如《集》377：「庚辰卜，貞：㞢于岳三羌、三小宰、卯（劋）三牛？」9560：「貞：燎于岳三小宰、卯（劋）三宰？」14436：「丙子卜，貞：酚岳三小宰、卯（劋）三宰？」等「㞢」、「燎」、「酚」等祭祀。在祭祀岳神的相關卜辭中，其中的祭品多為祭牲，並且以宰牲、牛牲為主。

3. 卜問是否為先祖降災

在殷商時期，殷人認為發生征戰行為或與其先祖有關，故可見到其貞問是否為先公降災導致征戰。其相關辭例有「同版同辭」的《集》6083：「貞𡆬方出，隹寅尹壱我？」和「同版異辭」的《集》6335：「貞：乎戔𡆬方？」「貞：祖丁壱？」

《集》6083 直接卜問𡆬方的出現是否為先人寅尹有關。《集》6335 中殷人認為𡆬方危害到殷，故動干戈以剿𡆬方，並且視𡆬方的作亂和先祖有關，因此貞問是否為祖丁降災。在這二版辭例中可以看到貞問的重點在於敵方的出現，和哪位先人有所關係，故僅記錄了攻伐對象以及先人的稱謂或名稱。

（二）和戰爭行為不同天卜問或祭祀先祖

和戰爭行為不同天卜問，或是不同天祭祀先祖的卜辭中，未見到與「與戰爭行為同天卜問或祭祀」的「求佑於先祖」、「求佑於自然神」、「卜問是否為先祖降災」等這三類卜辭，而是見到了於戰爭後，酬謝先祖庇佑爭戰之辭。如：

《集》6692　丙戌卜：今𡆬（春）方其大出？五月。

　　　 6692　戊子卜：于多父力（咎）？

　　　 7026　戊〔子〕卜：㞢其戔弜？

　　　 7026　己丑卜：㞢祖辛宰，卯十宰九？

《集》6692 在丙戌日只見到卜問某方出現與否，於二天後的戊子日則卜問召祭於多父的事宜，整版卜辭雖未看到戰爭之語，然筆者認爲這二辭之間是有關聯的，應爲某方的出現並未威脅到殷商，故殷人祭祀先祖，感謝先祖的庇祐使得殷商未受到傷害。《集》7026 戊子日貞問冎方是否對殷將領弜有所不利，而在隔天的己丑日卜問出祭宰牲於祖辛適當與否，可見冎方對殷將領弜並未造成傷害，因此隔日欲以宰牲酬謝先祖祖辛。

在王卜辭中，於戰爭相關事宜之後祭祀先祖的辭例未如事前求佑於先祖之多，可見於殷商的時候，或較重視征戰之前的準備工作，即進行祭祀求神祈的庇祐。

二、非王卜辭中爭戰前後所進行的祭祀

於《合集》第七冊中所收入的非王卜辭，未見到戰爭卜辭與祭祀卜辭同版之辭例。在花東卜辭中，伐卲方的辭例見於《花》237、275、449 三版，這三版所有辭例如下：〔註5〕

《花》237（1）　甲寅：歲祖甲☒？51

　　　237（2）　乙卯卜：叀☒豕？不用。52

　　　237（3）　丁巳：歲祖乙牡一，召祖丁彡？54

　　　237（4）　甲子：歲祖甲白牡、杖鬯一？1

　　　237（5）　叀白牡□祖甲？

　　　237（6）　辛未卜：丁隹好令从〔白〕正伐卲？8

　　　237（7）　甲戌：歲祖甲牢、幽鷹、白牡、杖一鬯？11

　　　237（8）　甲戌：歲祖甲牢、幽鷹、白牡、杖二鬯？11

　　　237（9）　乙亥：歲祖乙牢、幽鷹、白牡、杖二鬯？12

　　　237（10）　乙亥：歲祖乙牢、幽鷹、白牡、杖鬯二？12

　　　237（11）　乙：歲征祖乙？

　　　237（12）　庚寅：歲祖甲牝一，子雍見？27

　　　237（13）　庚寅：歲祖甲牝一，子雍見？27

　　　237（14）　弜告丁，肉弜入〔丁〕？用。

　　　237（15）　入肉丁？用。不率。

〔註 5〕同版辭例爲數不少，因此筆者按照干支前後順序，在版數和卜辭中間加上
　　　（1）、（2）……等標示，並且在卜辭最後加上甲子1、乙丑2～癸亥 60 的干支
　　　紀法。

《花》237版中共有十五辭，整版的卜辭內容有祭祀、征伐、納貢三種，第(1)至第(5)辭、第(7)至第(13)辭屬於祭祀卜辭，第(6)辭為征伐卜辭，第(14)、(15)辭為納貢卜辭。此版中卜問祭祀相關事宜，並且記有干支數之卜辭如下表所示：

時　　間	祭　祀	祭祀對象	祭　祀　物　品
(1)甲寅51	歲	祖甲	
(2)乙卯52			豕
(3)丁巳54	歲	祖乙	牡一
	臽、彡	祖丁	
(4)甲子1	歲	祖甲	白牝、叔鬯一
(7)甲戌11	歲	祖甲	牢、幽䳄、白牝、叔一鬯
(8)甲戌11	歲	祖甲	牢、幽䳄、白牝、叔二鬯
(9)乙亥12	歲	祖乙	牢、幽䳄、白牝、叔二鬯
(10)乙亥12	歲	祖乙	牢、幽䳄、白牝、叔鬯二
(12)庚寅27	歲	祖甲	牝一
(13)庚寅27	歲	祖甲	牝一

《花》237在甲戌、乙亥、庚寅這三日，對於祭祀的相關事宜皆貞問二次，為正正對貞句型，二辭皆不省略。

在戰爭卜辭方面，此版僅一辭記錄征戰攻伐行為，即第六辭「辛未卜：丁隹好令从〔白〕正伐卲？」所刻寫位置在龜版的下方中間偏右，如下圖所圈起來的部份。

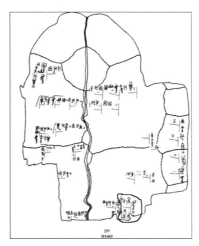

　　在干支排列上,「辛未」的順序爲第八干支日,與其他祭祀卜辭中所記的干支日期相差時間稍嫌多日。於辛未日之前,最近的一次祭祀日子爲七天前的甲子日,於辛未日之後則是三天後的甲戌日,兩次祭祀的對象皆爲祖甲。假若所有的祭祀皆與伐卲方有關係,則顯示於當時十分重視伐卲方一事,故於征伐前即進行四次的祭祀活動,也於成功征伐卲方後進行三次的祭祀活動。

　　《花》275 一版中所見到卜辭內容較爲複雜,記錄有子利的生死、伐卲方、子耳鳴、祭祀等事件:

　　　　《花》275(1)　　己巳卜,貞:子利〔女〕不死?6

　　　　　275(2)　　其死?

　　　　　275(3)　　辛未卜:丁〔隹〕子〔令〕从白正伐卲?8

　　　　　275(4)　　辛未卜:丁隹多〔宁〕从白正伐卲?8

　　　　　275(5)　　癸酉卜:子耳鳴,隹癸子壱?10

　　　　　275(6)　　歲妣庚二牝?

　　　　　275(7)　　乙亥卜:召祖丁三牢、一牝,子亡飮丁?12

　　　　　275(8)　　乙亥卜:召祖丁三牢、一牝,子亡飮丁?12

　　　　　275(9)　　乙亥卜:其乎多宁見丁?永。12

　　　　　275(10)　　乎多宁眔辟丁?永。

　　　　　275(11)　　丙子卜:丁不各?13

此版第(1)、(2)辭爲對貞句型,貞問關於個人的問題,即子利的狀況。第(3)、(4)辭爲對貞句型,卜問內容與征伐行爲有關,重點在於貞問丁是要命令子,還是要命令多宁出兵進行攻伐,何人較爲合適。第(5)、(6)辭在刻寫的位置上如下圖左下方所圈位置,二辭應爲異文對貞的句型,第(5)辭卜問子耳鳴是否爲子癸降災所造成,第(6)辭省略了和第(5)辭重複的詞句,直接記錄貞問祭祀妣庚的相關事宜,完整的句意爲「因子耳鳴一事而祭祀妣庚,求其庇祐」。第(7)至(11)辭所卜內容應爲同一系列的事,而其中(7)與(8)、(9)與(10)兩兩對貞;第(7)與(8)貞問於祭祀祖丁之後,子不要親自獻物給丁是否較爲合適;而第(9)辭則貞問子應呼令其部屬「多宁」獻物給丁較爲合適呢,還是第(10)辭的呼令部屬「多宁」以及「辟」一同獻物給丁較爲合適;最後在第(11)辭則問了丁是否不會到子的分封區域。故就《花》275整個版面的內容而言,所有的祭祀活動和戰爭活動之間並無明顯的關聯性。

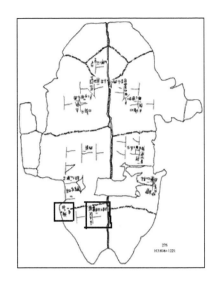

《花》449 中，所記錄的內容爲攻伐行動以及祭祀活動：

　　《花》449（1）　辛未卜：白㞷再冊，隹丁自正（征）卲？8

　　　　　449（2）　辛未卜：丁弗其从白㞷伐卲？8

　　　　　449（3）　貞：子婁爵祖乙，庚亡艱？

　　　　　449（4）　癸酉卜，貞：子利爵祖乙，辛亡艱？10

　　　　　449（5）　癸酉卜：祖甲永子？10

　　　　　449（6）　甲戌：歲祖甲牝一，权卩？11

　　　　　449（7）　乙亥：弜巳（祀），叙卜龜于室？用。12

　　　　　449（8）　乙亥：歲祖乙，〔雨〕卩，祁彡牢、牝一？12

第（1）、（2）辭爲對貞句型，貞問丁親自上戰場合宜與否。第（3）、（4）辭同樣爲對貞句型，子婁、子利分別以爵盛酒奠祭祖乙，祈求庚、辛二日無外來災禍。第（5）辭「永」當動詞使用，意思和賜福、庇祐相當，此辭爲貞問祖甲是否會福祐子。第（8）辭《殷墟花園莊東地甲骨》原釋文爲「乙亥：歲祖乙〔雨〕，卩祁彡牢牝一？」朱師歧祥則認爲讀法或可商，可斷句成「歲祖乙，〔雨〕卩，祁彡牢、牝一」，「雨卩」爲「雨卩（禦）」的倒文，指求去雨災。「祁彡牢、牝一」爲一分句，因祁、彡二祭儀連用，習見於花東甲骨中〔註6〕。就《花》449 整版卜辭而言，祭祀活動和征伐行爲之間也是沒有關聯性的。

　　這三片有關於伐卲方的卜辭，當爲同時所卜。卜問丁令帚好、丁令子、丁令多某率領正伯伐卲，還是由正伯再冊，丁自己征伐卲。這幾條說明了當

─────────────────────

〔註 6〕　參朱師歧祥：《殷墟花園莊東地甲骨校釋》，頁 1038。

時邵方與殷王朝處於敵對狀態，故殷王朝對其進行征伐〔註7〕。而目前所見到的非王卜辭中，祭祀活動和征伐行爲之間並未有明確的關聯性存在。

在王卜辭中，於戰爭相關事宜之後祭祀先祖的辭例未如事前求佑於先祖之多，可見較重視征戰之前的準備工作，即於戰爭前夕進行祭祀求神祈的庇佑。戰爭前所進行的祭祀對象以男性先祖爲主，於祭祀中，明確告知先祖欲攻伐的對象，祈求先祖助爭戰一臂之力。在非王卜辭中，祭祀活動和征伐行爲之間則並未有明確的關聯性存在。總而言之，進行攻伐的行爲在王卜辭和非王卜辭皆有記錄，而在戰爭前的祭祀活動以及祭祀的記錄僅見於王卜辭。

第二節　王卜辭與非王卜辭中所見的納貢動詞

殷商武丁時期，商王幾乎每事必卜，故甲骨文內容涉及商代社會的各個領域，可以從中了解商代階級和國家的資料。甲骨記載了商代的奴隸主和貴族的生活習性，如祭祀、農業、狩獵、征戰、氣候、健康狀況等各式各樣的問題，對於解決商代社會性質有直接關係。其中征戰部分，商王朝經常對外發動戰爭，被征服的方國對商王朝稱臣納貢，甲骨文中常見「以（致）」、「來」、「入」、「見（獻）」馬牛羊象龜等記載，此等納貢字詞即爲本節探論的主題。

一、王卜辭中所見的納貢動詞

（一）「入」

「入」隸作「入」。《說文》：「內也。象從上俱下也。」又「內」字下段玉裁注：「入也。……自外而入也。」〔註8〕說明「入」是由外地入於內，有納貢的意思，《尚書》：「九江納錫大龜。」〔註9〕此「納錫」猶言「入貢」、「進貢」。「入」在卜辭中可用爲動詞，有「入于某地」、「王入」、「某時間入」等，解釋爲進入：

　　　　《集》190 反　　乎人入于雀？

〔註7〕 參中國社會科學院編著：《殷墟花園莊東地甲骨》第六冊，頁1655。
〔註8〕 〔清〕段玉裁：《說文解字注》，頁226。
〔註9〕 屈萬里：《尚書集釋》〈虞夏書‧禹貢〉（台北：聯經出版社，2006年10月初版八刷），頁57。

　　　　892 正　　貞：今甲王入？

　　　　1506 正　　貞：勿于今夕入？

除此之外，也常見「某入」、「某入若干」之詞：

　　　《集》585 反　　雀入。

　　　　9218　　　　子商入一。

　　　　9229　　　　夔入二，在高。

從刻寫位置上，「某入」刻於甲橋、甲尾，多屬甲尾刻辭，「某入若干」除刻於甲橋、甲尾，尚有刻於背甲處，以甲橋刻辭居多，就位置上都屬記事刻辭。「入」者可為個人及方國，數量由一至數百不等，但在第一期甲骨卜辭中，並未明確記錄所入為何，就其所刻寫位置判定，入者皆為龜甲。從記錄內容而言，「入」的行為和其同版刻辭並無直接關係，可能一整版龜甲僅有「某入若干」一辭，如《集》9224 僅有「夔入十」，也可能同版有祭祀卜辭，也可以是卜問雨否、貞問王出囚、亡囚等卜辭。

　　「入」字在甲骨卜辭中，可用為記事刻辭之一。第一期王卜辭和「入」有關的「入貢」辭例，全為記事刻辭，可置於句中和句末。

　　「入」在記事刻辭中，位於句中的入貢卜辭辭例如下：

　　　《集》376 反　　夔入二，在高。

　　　　940 反　　　夫入二，在鹿。

　　　　5637 反　　易入二十。

　　　　9273 反　　虎入百。

　　　　9810 反　　雀入二百五十。

《集》376 反、940 反這種辭例辭，為「主語－動詞－數詞，介詞－賓語」的結構，除了記錄某人或某方進貢以外，還記錄了進貢的地點。《集》5637 反、9273 反、9810 反這種辭例，為「主語－動詞－數詞」的結構，敘述某人或某方進貢的數量。

　　「入」在記事卜辭句末的辭例如下：

　　　《集》585 反　　雀入。

　　　　9341　　　　弜入。

　　　　9367　　　　勾入。

　　　《花》133　　　史入。

此種句法為「主語－動詞」，記錄某人的進貢行為，從辭例可知「入」可以是

不及物動詞。

(二)「來」

「來」隸作「來」。《說文》:「周所受瑞麥來麰也。一來二夆,象其芒束之形。天所來也,故爲行來之來。」〔註10〕《詩經》:「昔有成湯,自彼氐羌,莫敢不來享,莫敢不來王。」〔註11〕此「來」爲來獻、來朝之義。在甲骨卜辭中,可以看到大量的「來」字後接上時間詞、方位詞,如「來丁巳」、「來己」、「來自東」、「自東來」,和時間詞相連時意思爲「即將到來的某日」,和方位詞相連則敘述「從某方而來」。

另有「某來」、「某來若干」,在刻寫上,此同於「某入」、「某入若干」皆爲記事刻辭,在位置上則有些許差異,「某來」全刻於甲橋,「某來若干」則刻在甲橋和背甲,「某來」、「某來若干」都沒有甲尾刻辭,此或許爲「入」、「來」刻寫判辨意義的差異所在,但實際差異爲何,仍無法判別。

「入」和「來」只見於龜甲上,如胡厚宣所云,只見於龜甲刻辭而不見於牛骨刻辭,是因爲殷商時期北方不產龜,卜用的龜甲皆由南方所貢,所以在龜甲上記載材料來源〔註12〕。卜辭中「入」和「來」用法的差異性,可在下列二版中看見:

> 《集》5637 反　帚耆來。
> 　　　5637 反　易入二十。
> 　　　9810 反　帚羊來。
> 　　　9810 反　雀入二百五十。

「入」、「來」的同版不同辭即可表達二者的相異,當二字同版,「來」記述著某人的到來,「入」則記述某方或某人的納貢行爲。在施行「入」、「來」二行爲,也因爲地點的不同,而有意義上的差異。「某入若干在某地」的句型,顯示出「入」這一動作沒有特定地點:

> 《集》376 反　妻入二,在高。
> 　　　940 反　夫入二,在鹿。
> 　　　6482 反　合入二,在𡆥。

〔註10〕 〔清〕段玉裁:《說文解字注》,頁233。
〔註11〕 屈萬里:《詩經詮釋》〈商頌・殷武〉(台北:聯經出版社,2004年10月初版十五刷),頁628。
〔註12〕 詳參胡厚宣:《甲骨學商史論叢初集(下)・武丁時五種記事刻辭考》(台北:大通書局,1972年10月初版),頁467～611。

《集》945 正　　貞：屰來犬？

9172 正　　癸未卜，亙貞：叀來馬？

「入」隨著商王所在位置而納貢龜甲，不特限於殷都。「來」除《集》5439 反：「奠來四，在崔。」其餘皆未標示所在地。故筆者推測，「納貢」的行為隨著王外出而有所需要的地方去進行，「來獻」、「來朝」的動作則大多在於商王朝所在地進行，來獻、來朝物可以是犬、馬、牛等龜甲以外的物品。納貢者為各方國、各地區，甚至個人，根據商王室所需要的龜甲數目供給所需。

　　「來」在甲骨卜辭中的位置，可以在句中或句末。其相關內容可以是占卜記錄，也可以是記事刻辭。至於「來」字刻於龜甲上的所在位置也可視為辨識方法之一，占問卜辭多刻於龜甲正面；而刻於龜甲背面的內容，則為記事刻辭。於此分為位於卜辭句中、卜辭句末二種加以論述：

　　「來」字在占問卜辭和記事刻辭中，可用於句中的位置。例：

《集》232 正　　貞：叀疋來羌？用。

237　　癸酉卜，貞：望乘來羌？

945 正　　貞：屰來犬？

945 正　　屰不其來犬？

9172 正　　癸未卜，亙貞：叀來馬？

9173　　貞：不其來馬？

9177 正　　甲辰卜，設貞：奚來白馬？王固曰：吉。其來。

9178 乙　　貞：今𣊸（春）奚不其來牛？

11462 正　　貞：屮來舟？

11462 正　　屮不其來舟？

《集》438 反　　奚來四十。

4464 反　　奠來二十，在𪓵（寧）。

5439 反　　奠來四，在崔。

14520 反　　屮來十。

《集》232 正、237、945 正、9172 正、9173、9177 正、9178 乙、11462 正等辭例屬於占問卜辭，從占問的內容得知，來獻、來朝物品的種類有人牲、動物，人牲如羌、舟等，而動物則為犬、馬、牛等。這種辭例在肯定問句的部份，基本上屬「主語－動詞－賓語」的語法形式；在否定問句的部份，則為「主語－否定詞－語助詞－動詞－賓語」的語法形式，否定問句中的主語，

會因為肯定問句中已有主語存在而有省略的現象。《集》232 正「叀疌來羌」在主語之前加上發語詞「叀」，為「發語詞－主語－動詞－賓語」的語法結構。《集》9178 乙「今❖（春）奚不其來牛」則在主語之前加上時間詞，為「時間詞－主語－否定詞－助詞－動詞－賓語」的語法。

　　《集》438 反、4464 反、5439 反、14520 反等為記事刻辭，基本語法為「主語－動詞－數詞」，其中《集》4464 反、5439 反二辭例還記載了地點，為「主語－動詞－數詞，介詞－賓語」的形式。

　　「來」字在句末的位置，同樣也具有占問卜辭和記事刻辭二種，例：

　　　《集》3945 正　　戊寅卜，㱿貞：沚、戓其來？

　　　　　3945 正　　貞：沚、戓不其來？

　　　　　4481　　　□□卜，宁貞：光來？

　　　　　4481　　　☑〔貞〕：光不其來？

　　　　　5637 反　　帚⿰女某來。

《集》5637 反為記事刻辭「主語－動詞」形式，其他辭例為占問卜辭。在占問卜辭的部份，《集》3945 正、4481 為兩兩對貞的辭例，肯定問句語法為「主語－（助詞）－動詞」，否定問句語法為「主語－否定詞－助詞－動詞」。從卜辭內容得知「來」可以是不及物動詞。

　　（三）「氏（以）」

　　「氏（以）」，甲骨字形作「𠃌」、「𠂤」，第一期王卜辭中的甲骨字形以「𠃌」為多數，「𠂤」為甲骨卜辭一期附以及第二期以後的寫法。故此處所討論的「氏（以）」字以「𠃌」為主。

　　「𠃌」字孫詒讓釋作「㠯」，讀為「㠯」，認為「其㠯」、「弗其以」猶言「用」與「不用」〔註13〕，葉玉森從孫氏所云。王襄引華石斧之說，釋「氏」，通作「地」，並引許慎《說文》：「至也。从氏下箸一，一者地也」〔註14〕。唐蘭釋為「氏」，「氏眾」、「氏王族」一類的「氏」讀為「提」，提者挈也〔註15〕。于省吾釋「氏」，認為可作動詞用，應讀為「厎」訓「致」。〔註16〕

　　「氏（以）」於甲骨文例中的字義及用法較「入」、「來」二字廣泛。「氏

〔註13〕孫詒讓：《契文舉例》下（北京：北京圖書館出版社），頁33～34。
〔註14〕王襄：《簠室殷契類纂・正編》第十二，頁56。
〔註15〕唐蘭：《天壤閣甲骨文存并考釋・天壤閣甲骨文存考釋》，頁36。
〔註16〕于省吾：《殷契駢枝全編・雙劍誃殷契駢枝》，頁123～126。

（以）」在文例中用爲動詞，其字義有二：

1. 作「用」解釋

可用於祭祀卜辭。用於祭祀卜辭的例子，如「以羌」、「以牛」、「以女」等詞，於「以」之後加上祭牲，即「以祭牲（于）先祖或自然神」，意思是用某種祭牲祭祀先祖或自然神，此時「以」作「用」解釋。例：

（1）「以羌」

《集》264　　壬子卜，貞：吳以羌㠱于丁？用。六月。

　　 269　　貞：來辛巳子呂其以羌眔歲柷☐于妣☐？

　　 270 正　壬寅卜，㱿貞：興方以羌，用自上甲至下乙？

（2）「以牛」

《集》14542　貞：〔𤕘〕于河以牛☐？

　　 23403　乙未卜，旅貞：又以牛，其用于妣，叀今日？

（3）「以女」

《集》672 正　酚河三十牛，以我女？

於祭祀行爲中，將「羌」、「牛」、「女」等作爲祭祀的內容物，或可解釋成致送，即獻上牲品給先祖妣及自然神。

2. 作「致送」、「納貢」解釋

可用於納貢卜辭。「以」用於納貢的辭例，有致送、納貢的意思，納貢卜辭中致送的對象爲商王、商王室等，如「以羌」、「以馬」、「以執」、「以伐」、「以奴」等語詞。例：

《集》261　　辛丑卜，貞：㚔以羌，王于門㚔（尋）？

　　 267 正　辛丑卜，宾貞：　眔㱿以羌，若？

　　 500 正　☐貞：〔黽〕以三十馬，允其執羌？

　　 803　　癸亥卜，□貞：翌辛亥王㚔（尋），㚔以執？

　　 880 正　貞：往西，多臾其以王伐？

　　 945 正　貞：㞷乎取，白馬以？

　　 945 正　㞷其來？

　　 945 正　不其以？

　　 945 正　奴以？

　　 945 正　弗其以？

《集》945 正的「☐乎取，白馬以」、「☐其來」、「不其以」三辭應為選擇性對貞句，其中「☐乎取」為「乎☐取」的倒裝。這三辭先問「乎☐進行『取』這一動作，☐會納貢白馬嗎」，接著問「☐來不來」，最後問「不會納貢嗎」。根據同版另外的二辭例「奴以」、「弗其以」，筆者認為「☐乎取白馬以」的斷句應為「☐乎取，白馬以？」較為合適。

當「以」字作「致送」解釋，其致送的內容物可以是羌、牛、馬、執、伐、女、奴等，可以用為祭牲，也可以是奴役。

3. 作「帶領」、「協同」解釋

即於「以」之後加上官名或是民眾。為商王或殷臣帶領人民、下屬進行某事，亦或是某殷臣協同其他位殷臣進行某事。

（1）「以眾」

「眾」字字形作「🃏」，意思相當於「隊伍」，「眾」的其工作性質不一，可以是農民，可以是軍伍。例：

《集》10　戊寅卜，宁貞：王往以眾黍于囧（明）？

26　丁未卜，爭貞：勿令阜以眾伐舌？

35　丁未卜，貞：叀亞以眾人步？

《集》10 卜問商王帶領多人耕作於囧（明）這一地方合宜與否。《集》26 卜問是否不要命令殷將領阜帶領軍隊伐舌方。《集》35 卜問亞官帶領民眾進行巡視的動作是否合宜。

（2）「以人」

「以人」的「人」甲骨字形為中「𠂉」，「人」意思可以是一般人民，也可以是奴牲的計算單位，如《集》501：「丁卯卜，貞：出于祖乙宰、羌三人？」中「羌三人」的用法。例：

《集》1022 乙　丁卯卜：令蠢以人田于𤏳？十一月。

1023　　戊辰卜：王气以人戰（狩），若，于融示？

《集》1022 乙中「蠢」為人名，整辭意思在於卜問商王命令蠢帶領人民於𤏳地進行田獵是否恰當。《集》1023 卜問商王帶領人民進行狩獵，並且於融地進行祭祀適當嗎。

（3）「以多某」

「以多某」的「多某」為殷商官職名稱，「某以多某」兩個某之間的關係可以是上級和部屬，也可以是兩個職務性質不同職稱。例：

《集》547　　辛酉卜，爭貞：勿乎以多僕伐𢀛方？

564 正　甲辰卜，貞：气令[illegible]以多馬、亞省？

5738　　乙酉卜，爭貞：今夕[illegible]以多射先陟自☐？

6814　　癸未卜，爭貞：令[illegible]以多子族[illegible]周，叶王事？

《集》547 一辭中，省略了呼令的對象，問不要命令某人帶領多僕進行伐𢀛方這一行爲是否較合適。《集》564 一辭卜問命令[illegible]協同多馬、亞一同進行巡察工作是宜與否。《集》5738 一辭內容不完整，大致上意思是在問[illegible]方協同殷商射官進行某事合適嗎。《集》6814 卜問商王命令[illegible]協同多子族進行[illegible]周的行動，並且協助商王事嗎。

（四）「廾」

「廾」的甲骨文作「[illegible]」，或可視爲「[illegible]（登）」的省體[註17]，除了解釋作聚集、招集以外，尚可解釋爲「獻」，以雙手捧獻。

1. 解釋作「聚集」、「招集」

即招集群眾一同進行某事，如「廾眾」、「廾人」：

《集》22　　己酉卜，爭貞：廾眾人，乎从㚔叶王事？

6412　辛巳卜，爭貞：今[illegible]（春）王廾人，乎帚好伐土方，受㞢又？

7283　甲申卜，㱿貞：乎帚好先廾人于龐？

《集》22 意思是招集民眾，並且乎令其從將領㚔協辦王事嗎。《集》6412 卜問商王聚集人民，並且乎令帚好進行伐土方一事，是否會受庇祐。《集》7283 卜問需要命令帚好先聚集人民於龐這地方嗎。

2. 解釋作「進獻」

如「廾牛」、「廾羊」之例：

《集》97 正　貞：乎廾牛？

8937　貞：乎[illegible]廾牛？

8939　癸酉卜，王：乎弜廾牛？

8949　勿乎廾羊？

從卜辭內容而言，「廾」和「入」、「來」、「以」都有那貢的意思，「廾」和「入」、「來」、「以」其中的差異在於「廾」的行爲是被動，爲商王乎令某人進行「廾」

[註17] 朱師歧祥：《殷墟甲骨文字通釋稿》，頁 81。

的動作，「廾」的內容物爲牛、羊二牲。

（五）「示」

「示」的甲骨字形作「亍」、「丁」、「吊」。在卜辭中，可以見到「大示」、「小示」、「元示」、「二示」……「十示」、「二十示」等語詞。對此王國維以及姚孝遂、肖丁有所論釋。王國維《觀堂集林・殷卜辭中所見先公先王續考》云：

> 蓋示者，先公先王之通稱、卜辭云：「□亥卜貞三示御大乙大甲祖乙五牢」，以大乙、大甲、祖乙爲三示，是先王亦稱示矣。其有大示（亦云元示）、二示、三示、四示之別者，蓋商人祀其先自有等差。〔註18〕

姚孝遂、肖丁《小屯南地甲骨考釋》在第 1115 版對第二辭「己亥貞，卯于大其十牢，下示五牢，小示三牢」以及第三辭「庚子貞，伐卯于大示五牢，下示三牢……」的解釋：

> 過去一般均認爲卜辭「大示」與「小示」相對；「上示」與「下示」相對。「大示」即「上示」，「小示」即「下示」（參見《綜述》，頁407）。
>
> 「大示」在此指自「上甲」至「示癸」六大示。「下示」在此指「大乙」至「仲丁」六示。這些都是直系。「小示」則是指除此之外的諸旁系先王。〔註19〕

從上二述可知「大示」、「小示」、「元示」、「二示」……「十示」、「二十示」等語詞爲祭祀殷商先公先王時的另一種稱呼方式。

朱師《通釋稿》：「卜辭習言外邦附庸『示若干屯』甲骨於殷，以表示臣服朝貢之意」〔註20〕故可知甲骨文「示」字除了用作先公先王稱謂以外，還有另一種用法，用爲「貢獻」，其常見的甲骨句型有下列二種：

1.「某示＋量詞」

即記錄某人貢獻若干，最後刻上簽收者。此種語法形式的刻辭多出現於甲橋的位置，如：

〔註18〕王國維：《觀堂集林》，卷九〈殷卜辭中所見先公先王續考〉，頁444。
〔註19〕姚孝遂、肖丁：《小屯南地甲骨考釋》（北京：中華書局，1999 年 11 月一版二刷），頁 26。
〔註20〕朱歧祥：《殷墟甲骨文字通釋稿》，頁 132。

《集》116 反　帚井示三十。爭。
656 反　帚㠱示十。殻。
2530 反　帚井示百。殻。

《集》116 版反面上，尚有另一辭同於「帚井示三十。爭。」刻於甲橋之辭，即「我以千」一辭，此二辭例的刻寫方式爲對稱形式，分別刻在甲橋的左右，對於這種形式，嚴一萍認爲：「記載我一次貢龜一千，而分作幾次由帚㠱帚井『示』之」〔註 21〕其說法甚爲特殊。筆者認爲此種現象證明「示」和「以」雖同用爲納貢動詞，然其中有所差異，可能是以物易物，兩地的東西一來一往，也有可能爲回贈的行爲，但實際情形如何，目前甲骨記錄中無法確切得知。

2.「某示＋量詞＋單位詞」

此種句型見於骨臼刻辭，如：

《集》390 臼　戊戌：帚喜示一屯。岳。
493 臼　癸酉：㠯示十屯。㱿。
1534 臼　丙寅：邑示七屯。㱿。

上列辭例意思是某人貢獻若干屯，最後也同於上種句型於句末刻上簽收者。關於「屯」字字義，胡厚宣〈武丁時五種記事刻辭考〉提到：「蓋牛胛骨有左右二骨，龜背甲必中刻爲二而後用之，皆兩骨爲一對，故刻辭之中，惟牛骨刻辭及背甲刻辭獨以㞢計也。」〔註 22〕可知「屯」是束兩骨爲一的數量單位。

二、非王卜辭中所見的納貢動詞

(一)「入」

在第一期非王卜辭中，除了和王卜辭相同的「入貢」記事刻辭以外，尚有其他占問卜辭。例：

《花》20　屰入六。
38　壬卜：子其入廌、牛于丁？
113　五十牛入于丁？
113　丙入肉？

〔註 21〕嚴一萍：《甲骨學》（台北：藝文印書館，1978 年 2 月初版），頁 696。
〔註 22〕胡厚宣：〈武丁時五種記事刻辭考〉，《甲骨學商史論叢》初集（下），頁 596。

124　戊卜：子入二弓？

223　戊卜：于己入黃𠂤于丁？

223　戊卜：子弜入黃𠂤？

《花》38「子其入鳶、牛于丁」爲「主語－助詞－動詞－雙賓語－介詞－賓語」的結構，卜問子入貢鳶、牛給丁是否合宜。《花》113「五十牛入于丁」的語法爲「數詞－名詞－動詞－介詞－賓語」，「丙入肉」的語法爲「時間詞－動詞－賓語」，此二辭省略主語，主語應是花東甲骨的主人「子」。「丙入肉」對照同版「五十牛入于丁」，可知「丙入肉」省略了入貢的對象「丁」，僅敘述丙日入貢肉品。《花》223「于己入黃𠂤于丁」的語法爲「介詞A－時間詞－動詞－賓語A－介詞B－賓語B」，「子弜入黃𠂤」的語法爲「主語－否定詞－動詞－賓語 A」，二辭例相對照，可知重點在卜問子于己日入貢黃𠂤給丁是否合宜。

非王卜辭「入」在記事卜辭句末的辭例如《花》133：「史入。」此用法同於王卜辭，句法爲「主語－動詞」，單純記錄某人的進貢行爲。另外在記事刻辭以外，在第一期非王卜辭中可看見占問卜辭形式類似記事卜辭之例，例：

《花》113　三十牛入？

113　三十豕入？

對照《花》113 同版辭例「五十牛入于丁」，這二辭省略了介詞「于」和入貢對象「丁」，僅有「數詞－名詞－動詞」的部份。雖然形式和記事刻辭相似，但此爲占問卜辭的省略句型。

（二）「見」

「見」字形作「𠕀」、「𥃩」，花東甲骨中或可讀爲「獻」。「𠕀」字从人站立之形，多用爲族名，其辭例如下：

《花》7　丁未卜：新馬其于貯見，又用？

7　丁未卜：新馬于宁見，又不用？

29　丙寅卜：其钔，隹宁見馬于癸子，叀一伐、一牛、一鬯，冊夢？用。

81　丙子卜：疋馳于宁見？

168　其又𩢍于宁見？

183　丙卜：丁來見子舞？

286　壬卜：子又希？曰：見刹官。

314　乙亥卜：叀貯見眔匕？用。

352　于宁見？

352　于貯見？

367　癸亥卜：新馬于宁見？

367　于貯見？

367　貯見子用又？

384　壬卜：子又希？曰：見丁官。

391　庚辰卜：叀貯見眔匕？用。

391　叀乃馬眔貯見？用。

《花》第 7 版「丁未卜：新馬其于貯見，又用？」、「丁未卜：新馬于宁見，又不用？」兩辭爲左右對貞，內容相似，《殷墟花園莊東地甲骨》指出「貯」或省「貝」，作「宁」，於本版中似用爲地名或人名〔註23〕，《花》352 版「于宁見」、「于貯見」二辭可更進一步證明花東卜辭中，「宁」、「貯」二字相通。卜辭「貯（宁）」與「見」並列的用法，朱師《殷墟花園莊東地甲骨釋文》一書中對於「貯（宁）」與「見」認爲是兩個族名，此二字見於晚殷青銅器，用爲家族記號〔註24〕，筆者遵從朱師之解。《花》183 版「丁來見子舞」一辭中的「見」字，用爲見面之義。《花》286：「壬卜：子又希？曰：見剌官。」與《花》384：「壬卜：子又希？曰：見丁官。」的辭例占問的天干日相同，又內容相近似，其中的差別僅在於所見者的不同，兩者之間應有著關聯性存在，然因所見卜辭內容有限，無法詳細得知其中的關係。

「見」另一字形作爲「🔲」，從人跪坐，此字形在花東卜辭辭例中或讀爲「獻」，例：

《花》26　甲申卜：子叀豕殁眔魚見丁？用。

34　己酉卜：望日庚，子乎多臣燕（宴），見丁？用。不率。

37　己卯卜：子見暊以玉丁？用。

37　以一啚見丁？用。

37　壬子卜：子以帚好入于狀，子乎多卩正，見于帚好，啟紝十，往瞽？

92　甲卜：乎多臣見🔲丁？用。

〔註23〕中國社會科學院編著：《殷墟花園莊東地甲骨》，頁 1560。

〔註24〕朱師歧祥：《殷墟花園莊東地甲骨釋文》，頁 962。

195　辛亥卜：乎垈、渞見于帚好，在狀？用。

202　庚卜：子其見丁鹵以？

249　甲卜：在臺（敦），罃見于丁？

255　乙亥卜：弜乎多宁見？用。

259　辛巳卜：子叀宁見？用。逐？用。隻（獲）一鹿。

453　甲卜：乎多宁見睪于丁？用。

454　庚戌卜：子乎多臣燕，見？用。不率。

《花》26 版「子叀豕歿罙魚見丁」爲「子見丁豕歿罙魚」的倒裝句型，意思是「子獻給丁擊殺的豕和魚」。《花》37 版「子見暊以玉丁」爲「子見暊以玉于丁」的省略，整辭辭意是「子獻上暊連同玉給丁」；同版另一辭「子以帚好入于狀，子乎多卲正，見于帚好，攺紵十，往釁」，此處的「見」意思爲「見面」。《花》92 版「乎多臣見翌日丁」與《花》453 版「乎多宁見睪于丁」的句型相近似，二辭例省略主詞，並且將時間詞置於句中，其順讀應爲「乎多臣見丁睪」、「乎多宁見于丁睪」，意思是「乎令多臣（多宁）於翌日與丁見面」。《花》25 版「宁見（👁）」一詞同於《花》7 版中所見的「宁見（👁）」，二版「見」字字形不同，用法相同，證明於花東卜辭中「👁」、「👁」字形可相通。根據卜辭中「見」字的辭例，「見」在一卜辭中，句中的前後若有貢品，如進獻「豕」、「魚」、「暊」、「玉」、「罃」、「鹵」等物品給丁，則較容易判定其讀爲「獻」；句中的前後若無貢品，但是有標明商王室以外地方，如狀一地，也可讀爲「獻」，某臣於某地進獻給丁。而當「見」字於句中，卻沒有記錄貢品，也無標示地點，則筆者認爲此時的「見」或可理解爲「跪見」、「朝見」的意思。

王卜辭中可見到「見」的用法類似納貢卜辭，如《集》102：「□戌卜，貞：皁見百牛，汎用于上示？」、1520：「甲戌卜，貞：翌乙亥出于祖乙三牛，皁見尸（夷）牛？十三月。」、8327：「見于河？」這些卜辭中，「見」可讀爲「獻」，但是獻的對象爲先祖和河神，而非用於納貢。

（三）「攺」

花東卜辭的「攺」字形作「攺」，《殷墟花園莊東地甲骨》於第 37 版的釋文中談到「攺」字，認爲動詞攺字與入、見近似，意義爲奉獻〔註25〕。「攺」

〔註25〕中國社會科學院編著：《殷墟花園莊東地甲骨》，頁 1575。

的辭例如：

《花》37　　癸巳卜：子　，叀日璧叙丁？用。

　　　37　　壬子卜：子以帚好入于狄，子乎多卲正，見于帚好，叙
　　　　　　紵十，往鑒？

　　178　　庚子卜：子　，叀异眔良叙？用。

　　180　　甲子卜：乙，子叙丁璧眔玉？

　　195　　辛亥卜：子叙帚好玧，往鑒，在狄？

　　198　　癸巳卜：叀璧叙丁？

　　198　　子叙丁璧？用。

　　198　　癸巳：叀玧叙丁？不用。

　　203　　丙卜：叀三十牛叙丁？

　　257　　辛卜：子其又叙臣，自▨？

　　257　　辛卜：丁曰：其叙子臣人？

　　257　　辛卜：子其又〔叙〕臣，自□寮？

　　265　　辛未：歲妣庚小宰，告又叙卷，子祝，皀祭？

　　288　　甲午卜：丁其各，子叀侚玉叙丁？不用。召祖甲彡。

　　410　　壬卜：在麓，丁曰：余其叙子臣？允。

《花》37、178、180、195、198、203、288 主語皆爲「子」，子獻「璧」、「紵」、「玉」、「玧」、「牛」等物品給丁或帚好，是下屬對上司的進獻。《花》265 的「叙」用在祭祀卜辭中，同樣讀爲「獻」，然獻物的對象爲死去的先祖妣。關於《花》257「子其又叙臣」　辭根據同版「丁曰：其叙子臣人」的辭例，筆者認爲可理解成「其又叙臣于子」，卜辭內容皆卜問丁送給子「臣」一事，此「臣」的計算單位爲「人」，「臣人」或可視爲「臣一人」的簡寫；《花》410 同樣是占問丁送給子「臣」合宜與否。《花》257、410 二版中見到的「叙」解讀爲「送」，爲上司對下屬的贈送，卜辭中所記錄贈送的內容物爲「臣」，可見在當時奴僕和牲口相當，可被用爲贈送的物品。

　　（四）「畀」

　　花東卜辭「畀」的字形作「♠」，《殷墟花園莊東地甲骨》第 410 版的釋文中認爲「畀」字有「給予」的意思〔註26〕。例：

――――――――――

〔註26〕中國社會科學院編著：《殷墟花園莊東地甲骨》，頁 1720。

《花》178　庚戌卜：其畀**盧**尹**音**，若？

　　410　壬卜：在麓，丁畀子團臣？

　　475　乙巳：又**△**，叀之畀丁絅五？用。

《花》178版，句中雖然省略了主詞，但其意思仍清楚可見，即「給予『**盧**尹』這個人『**音**』這樣東西」。《花》410版，解讀爲在「麓」這一地方，丁送給子奴僕，此辭提供了一訊息，即丁送東西給子，而其地點不限於商王室。《花》475獻給丁耳飾。花東卜辭「畀」字義，和「攺」相近似，可以用在上位者贈送給下屬，也可以是用在下屬獻給上司，二者的差異在於「攺」用在丁、帚好、子之間，而「畀」則使用範圍較廣，可下至殷商臣子，即「攺」字所使用者的層級較高。

三、王卜辭與非王卜辭納貢動詞的差異

　　殷商武丁時期的卜辭中，王卜辭和非王卜辭所用納貢用字可知二種卜辭之間或有層級上的差異。其用字的差異如下表所示：

	入	來	以	廾	示	見	攺	畀
王卜辭	✓	✓	✓	✓	✓			
非王卜辭	✓					✓	✓	✓

　　王卜辭中所見納貢用字共「入」、「來」、「以」、「廾」、「示」五字。首先，「入」的主語可以是邦國、殷臣，其於商王室所在地進貢物品給商王室，或於商王室以外的區域進貢物品給商王，即「入」隨著商王所在位置而納貢龜甲，不特限於殷都。第二，「來」的來獻、來朝的動作則大多在於商王朝所在地進行，來獻、來朝物可以是犬、馬、牛等龜甲以外的物品。納貢者爲各方國、各地區，甚至個人，根據王所需要的龜甲數目供給所需。第三，「氏（以）」於甲骨文例中的字義及用法較「入」、「來」二字廣泛，可用於祭祀、納貢等卜辭。於祭祀卜辭中，致送的對象爲先祖妣以及自然神；於納貢卜辭中，致送的對象則爲商王、商王室。第四，「廾」於納貢卜辭中，其行爲是屬於被動，爲商王乎令某人進行「廾」的動作，「廾」的內容物多爲牛、羊二牲，與「入」、「來」、「氏（以）」的主動納貢有所差異。末者，「示」的納貢內容物多爲「屯」，即所示品爲成對甲骨，以提供殷商王室刻寫甲骨所用。

　　非王卜辭和王卜辭所見相同的納貢用字有「入」。「入」字的入貢卜辭除

了和王卜辭相同的入貢記事刻辭以外，尚有其他占問卜辭，並且所記載入貢的內容物較王卜辭多樣，其入貢物清楚可見「鷹」、「牛」、「肉」、「弓」、「豕」等物。其他和王卜辭相異的入貢用字則為「見（獻）」、「奻」、「畀」。首先，「見」的進獻內容物為「豕」、「魚」、「暊」、「玉」、「鬯」、「鹵」等物品，「見」的進獻對象為「丁」，進行地點不限於殷商王室。第二，「奻」可用作納貢動詞，其可以是為下對上的納貢，也可用為上對下的贈與，是屬於上級下屬之間的互贈使用字。第三，「畀」和「奻」相近似，可以用在上位者贈送給下屬，也可以是用在下屬獻給上司，二者的差異在於「奻」用在丁、帚好、子之間，而「畀」則使用範圍較廣，可下至殷商臣子，即「奻」字所使用者的層級較高。

第六章　結　語

本論文主要研究範圍爲武丁早期方國，可提供他人作爲參考之處有四點：首先整理先進學者對於武丁時期方國的研究成果，並且於論文第二章鎖定島邦男、張秉權、鍾柏生對於武丁時期方國的看法，三位學者在書中只列出武丁時期方國，未再將武丁時期分段，讓本論文有發揮之處，故筆者在此基礎上，以𠂤組卜辭、花東卜辭爲中心，羅列出武丁早期的方國，並探究其地理位置。

第二，關於「武丁時期的戰爭用語」，即針對依字形或字義的相近度分成「伐」與「𢦏」、「征」與「圍」、「取」與「及」三組戰爭用字，如「伐」和「𢦏」在部件偏旁上都从「戈」，有以武器攻擊敵方的意思；又「伐」和「𢦏」在使用方法、戰爭規模上有所不同。再根據「伐」、「𢦏」、「征」、「圍」、「取」、「及」的「施行者（主語）」以及「受者（賓語）」部份，認爲此六個戰爭用字在使用層級、攻伐行動的規模上有所差異。

第三，「武丁早期征伐方國考」一章釐清武丁早期王卜辭和非王卜辭中殷將領共有「医」、「弜」、「甫」、「雀」、「丁」、「帚好」、「子」七位，和這七位將領相關的方國則有「𢀛（羌）」、「中」、「屮」、「罕」、「沚」、「亘」、「馬」、「亯」、「祭」、「猷」、「基」、「缶」、「宙」、「卲」等方國，這些方國多位於殷西，和殷商關係友好方國爲「沚」、「亯」二方國，敵對方國爲「𢀛（羌）」、「亘」、「馬」、「猷」、「基」、「缶」、「宙」、「卲」八方國；與殷商時好時壞的方國爲「中」、「屮（屮）」二方國。

第四，「武丁早期王卜辭和非王卜辭於征伐前後的活動」一章，在祭祀方面，王卜辭中較重視征戰之前的準備工作，即於戰爭前夕進行祭祀求神祈的

庇祐。戰爭前所進行的祭祀對象以男性先祖爲主，於祭祀中，明確告知先祖欲攻伐的對象，祈求先祖助爭戰一臂之力。在非王卜辭中，祭祀活動和征伐行爲之間則並未有明確的關聯性存在。在納貢方面，王卜辭中所見納貢用字共「入」、「來」、「以」、「卅」、「示」五字，非王卜辭納貢動辭則用「見（獻）」、「入」、「攺」、「畀」四字。

　　殷商武丁早期方國之相關論述誠如筆者上述，甲骨卜辭中所出現的貞人「亘」，甲骨卜辭即由武丁早期進入武丁中期。武丁早期的敵對方國在武丁中、晚期以及武丁時期以後，產生了變化。「羌方」在武丁時期以後淪爲殷商的奴隸與祭牲。「亘方」在武丁早期之後，歸順於殷商，已不復見和亘方相互攻伐的辭例，甚至成了殷商王室之貞人。「馬方」、「基方」於武丁早期之後和殷商成爲友邦。「猷方」至武丁時期結束爲止，和殷商之間仍爲敵對關係。「缶方」在武丁早期時與殷商爲敵對關係，而在武丁中期或晚期的時候臣服於殷商。「宙方」，攻伐宙方的記載僅見於武丁時期，可見宙方在武丁以後即歸順於殷商，或成爲殷商的一部分。「卲方」爲武丁早期非王卜辭中所見到的敵對方國，殷商攻伐卲方，卲方不敵殷商的攻擊，因而臣服於殷商王朝，故於武丁早期的時候，卲方由敵方轉成友邦。

主要參考書目

一、古　籍（以時代為次）

1. 〔漢〕趙岐注：《孟子注疏》，台北：中華書局，1981 年。

2. 〔漢〕鄭玄注、〔唐〕孔穎達正義：《禮記正義》，台北：中華書局，1981 年。

3. 〔晉〕范甯：《春秋穀梁傳范氏集解》，台北：中華書局，1981 年。

4. 〔晉〕杜預：《春秋左氏傳杜氏集解》，台北：中華書局，1981 年。

5. 〔後漢〕何休解詁、〔明〕金蟠訂：《春秋公羊傳何氏解詁》，台北：中華書局，1981 年。

二、近現代專書（以作者姓名筆畫、出版時間為序）

1. 丁山：《商周史料考證》，北京：中華書局，1988 年 6 月一版一刷。

2. 丁山：《甲骨文所見氏族及其制度》，北京：中華書局，1999 年 8 月一版二刷。

3. 于省吾：《殷契駢枝全編・雙劍誃殷契駢枝續編》，台北：藝文印書館，1975 年 11 月再版。

4. 于省吾：《甲骨文字釋林》，北京：中華書局，1979 年 6 月一版。

5. 于省吾主編：《甲骨文字詁林》（全四冊），北京：中華書局，1999 年 12 月一版二刷。

6. 中國社會科學院歷史研究所編：《甲骨文合集》，郭沫若主編，胡厚宣總編輯，北京：中華書局，1982 年一版。

7. 中國社會科學院編著：《殷墟花園莊東地甲骨》，昆明：雲南人民出版社，2003 年一版。

8. 中國社會科學院考古研究所：《甲骨文編》，北京：中華書局，2004 年 1 月一版六刷。

9. 方述鑫：《殷虛卜辭斷代研究》，台北：文津出版社，1992 年 7 月初版。

10. 王宇信、楊升南主編：《甲骨學一百年》，北京：社會科學文獻出版社一版一刷。

11. 王國維：《觀堂集林》，北京：中華書局，2004 年 6 月一版八刷。

12. 王襄：《簠室殷契類纂·正編》，天津：天津市博物館石印本。

13. 白於藍：《殷墟甲骨刻辭摹釋總集校訂》，福州：福建人民出版社，2004 年 12 月一版一刷。

14. 朱師歧祥：《甲骨文字通釋稿》，台北：文史哲出版社，1989 年 12 月初版。

15. 朱師歧祥：《殷墟卜辭句法論稿》，台北：台灣學生書局，1990 年 3 月初版。

16. 朱師歧祥：《甲骨文研究——中國古文字與文化論稿》，台北：里仁書局，1998 年 8 月 20 日初版。

17. 朱師歧祥：《殷墟花園莊東地甲骨校釋》，台中：東海大學中文系語言研究室，2006 年 7 月初板。

18. 朱師歧祥：《殷墟花園莊東地甲骨論稿》，台北：里仁書局，2008 年 11 月 13 日初版。

19. 李學勤、彭裕商：《斷代分期研究》，上海：上海古籍出版社，1996 年 12 月一版一刷。

20. 李伯謙：《商文化論集》，北京：文物出版社，2003 年 9 月一版一刷。

21. 李孝定：《甲骨文字集釋》，台北：中央研究院歷史語言研究所，2004 年 4 月六版。

22. 周祖謨：《爾雅校箋》，昆明：雲南出版社，2004 年 11 月一版一刷。

23. 屈萬里：《殷虛文字甲編考釋》，台北：中央研究院歷史語言研究所，1992 年 6 月初版。

24. 屈萬里：《詩經詮釋》，台北：聯經出版社，2004 年 10 月初版十五刷。

25. 屈萬里：《尚書集釋》，台北：聯經出版社，2006 年 10 月初版八刷。

26. 明義士：《柏根氏舊藏甲骨文字》，北京：北京圖書館出版社。

27. 姚孝遂主編：《殷墟甲骨刻辭摹釋總集》（全二冊），北京：中華書局，1988 年 2 月一版一刷。

28. 姚孝遂、肖丁：《小屯南地甲骨考釋》，北京，中華書局，1999 年 11 月一版二刷。

29. 姚萱：《殷墟花園莊東地甲骨卜辭的初步研究》，北京：線裝書局，2006

年 11 月一版一刷。

30. 段玉裁：《說文解字注》，台北縣：漢京文化事業出版，1985 年 10 月 20 日。

31. 胡厚宣：《甲骨學商史論叢初集》（全二冊），台北：大通書局，1972 年 10 月初版。

32. 胡厚宣主編：《甲骨文合集釋文》，北京：中國社會科學出版社，1999 年 8 月一版一刷。

33. 胡厚宣、胡振宇：《殷商史》，上海：上海人民出版社，2004 年 4 月一版二刷。

34. 唐蘭：《天壤閣甲骨文存并考釋・天壤閣甲骨文存考釋》，北京：北京圖書館。

35. 唐蘭：《殷虛文字記》，台北：學海出版社，1986 年 8 月初版。

36. 孫詒讓：《契文舉例》，北京：北京圖書館出版社。

37. 島邦男：《殷墟卜辭綜類》，台北：大通書局，1970 年 12 月初版。

38. 島邦男：《殷墟卜辭研究》（全二冊），濮茅左、顧偉良譯，上海市：上海古籍出版社，2006 年 8 月一版一刷。

39. 常耀華：《殷墟甲骨非王卜辭研究》，北京：線裝書局，2006 年 11 月一版一刷。

40. 張秉權：《殷虛文字丙編・考釋》，台北：中央研究院歷史語言研究所，1957 年。

41. 張秉權：《甲骨文與甲骨學》，台北市：國立編譯館，1988 年 9 月。

42. 張玉金：《甲骨文語法學》，上海：學林出版社，2002 年 1 月一版二刷。

43. 郭沫若：《郭沫若全集・卜辭通纂》，北京：科學出版社，2002 年 10 月一版二刷。

44. 陳夢家：《殷虛卜辭綜述》，北京：中華書局，2004 年 4 月一版二刷。

45. 陳劍：《甲骨金文考釋論集》，北京：線裝書局，2007 年 4 月一版一刷。

46. 黃天樹：《殷墟王卜辭的分類與斷代》，台北：文津出版社，1991 年 11 月初版。

47. 黃天樹：《古文字論集》，北京：學苑出版社，2006 年 8 月一版一刷。

48. 楊樹達：《楊樹達文集》，上海：上海古籍出版社，2006 年 12 月一版一刷。

49. 董作賓：《甲骨文斷代研究例》，台北：中央研究院歷史語言研究所，1965 年。

50. 董作賓：《殷曆譜》，台北：中央研究院歷史語言研究所，1992 年 9 月二版。

51. 趙誠：《甲骨文與商代文化》，瀋陽：遼寧人民出版社，2000 年 1 月一版一刷。

52. 趙鵬：《殷墟甲骨文人名與斷代的初步研究》，北京：線裝書局，2007 年 5 月一版一刷。

53. 鄭杰祥：《商代地理概論》，河南：中州古籍出版社，1994 年 6 月一版一刷。

54. 鍾柏生：《殷商卜辭地理論叢》，台北：藝文印書館，1989 年 9 月初版。

55. 鍾柏生：《鍾柏生古文字論文自選集》，台北：藝文印書館，2008 年 3 月初版。

56. 魏慈德：《殷墟花園莊東地甲骨卜辭研究》，台北：台灣古籍出版社，2006 年 2 月初版一刷。

57. 羅振玉：《殷商貞卜文字考》，北京：北京圖書館出版社。

58. 羅振玉：《增訂殷虛書契考釋》，台北：藝文印書館，1981 年 3 月四版。

59. 嚴一萍：《甲骨學》，台北：藝文印書館，1978 年 2 月初版。

60. 饒宗頤：《殷代貞卜人物通考》（全二冊），香港大學出版社，1959 年 11 月初版。

三、期刊論文

1. 李學勤：〈小屯南地甲骨與甲骨分期〉，《文物》第五期，1981 年，頁 27～33。

2. 李容誠：《商代征伐研究》，台北：國立政治大學中國文學系研究碩士論文，1989 年 6 月。

3. 林澐：〈從武丁時代的幾種「子卜辭」試論商代的家族形態〉，《古文字研究》第一輯，北京：中華書局，2005 年 6 月一版二刷。

4. 林澐：〈甲骨文中的方國聯盟〉，《古文字研究》第六輯，北京：中華書局，2005 年 6 月一版二刷。

5. 姚孝遂：〈商代的俘虜〉，《古文字研究》第一輯，北京：中華書局，2005 年 6 月一版二刷。

6. 夏含夷：〈釋「禦方」〉，《古文字研究》第九輯，北京：中華書局，2005 年 6 月一版二刷。

7. 徐錫台：〈周原出土的甲骨文所見人名、官名、方國、地名淺釋〉，《古文字研究》第一輯，北京：中華書局，2005 年 6 月一版二刷。

8. 徐明波：〈商王武丁征伐考——以殷墟 YH127 坑賓組卜辭爲例〉，《求索》，2006 年 11 月。

9. 張亞初：〈殷墟都城與山西方國考略〉，《古文字研究》第十輯，北京：中

華書局，2005 年 6 月一版二刷。

10. 陳劍：〈說花園莊東地甲骨卜辭的「丁」〉，《故宮博物院院刊》，2004 年第四期，總第一一四期，北京：紫禁城出版社。

11. 裘錫圭：〈論「歷組卜辭」的時代〉，《古文字研究》第六輯，北京：中華書局，2005 年 6 月一版二刷。

12. 趙林：〈商代的羌人〉，《國立政治大學邊政研究所年報》，1983 年 10 月。

13. 鄭杰祥：〈殷墟新出卜辭中若干地名考釋〉，《中州學刊》第五期，2003 年 9 月。

14. 謝濟：〈武丁時另種類型卜辭分期研究〉，《古文字研究》第六輯，北京：中華書局，2005 年 6 月一版二刷。

附　錄　甲骨拓片

圖 1：《集》6174　　　　　　圖 2：《集》20399

圖3：《集》248

圖 4：《集》6193

圖 5：《集》6341

圖 6：《集》6561

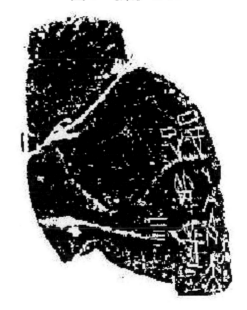

圖 7：《集》880

圖 8：《集》1051

圖 9：《集》6631

圖 10：《集》811

圖 11：《集》6570

圖 12：《集》6845

圖 13：《集》6322

圖 14：《集》6409

圖 15：《集》6068

圖 16：《集》20408　　　　圖 17：《集》20440

圖 18：《集》20918

圖 19：《集》7065 乙

圖 20：《集》20230

圖 21：《集》5873

圖 22：《集》6339

圖 23：《集》6946

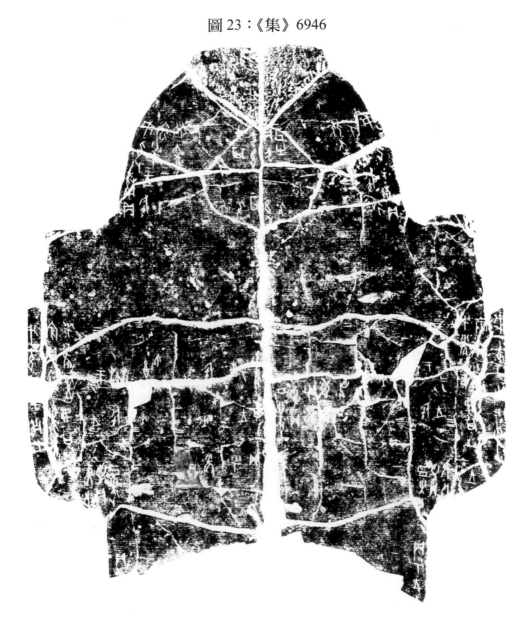

圖 24：《集》566

圖 25：《集》6593

圖 26：《集》519

圖 27：《集》6877

圖 28：《集》6560

圖 29：《集》6627

圖 30：《集》6664 正

圖 31：《集》6878　　　圖 32：《集》20403　　　圖 33：《集》540

圖 34：《集》6412

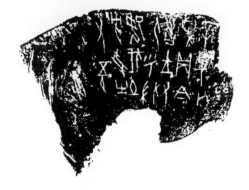

圖 35：《集》6931

圖 36：《集》6983

圖 37：《集》542

圖 38：《集》6171

圖 39：《集》6173

圖 40：《集》6209

圖 41：《集》6211

圖 42：《集》6226

圖 43：《集》6640

圖 44：《集》6960

圖 45：《集》19957 正

圖 46：《集》20505

圖 47：《集》21035

圖 48：《集》6416

圖 49：《集》6479 正

圖 50：《集》6480

圖 51：《集》6519

圖 52：《集》6937

圖 53：《集》19773

圖 54：《集》614

圖 55：《集》6177

圖 56：《集》6272

圖 58：《集》6541

圖 59：《集》6547

圖60：《集》151 正

圖 61：《集》6293　　　圖 62：《集》6373　　　圖 63：《集》6566 正

圖 64：《集》6653 正

圖65：《集》6897　　圖66：《集》20404　　圖67：《集》6366

圖68：《集》6655 正

圖 69：《集》20442

圖 70：《集》6571 正

圖71：《集》6771 正

圖 72：《集》6834 正

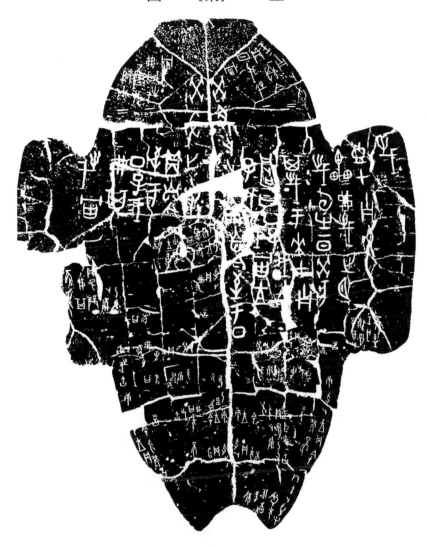

圖 73：《集》6938　　　圖 74：《集》6307　　　圖 75：《集》6313

圖 76：《集》6459

圖 77：《集》6460 正

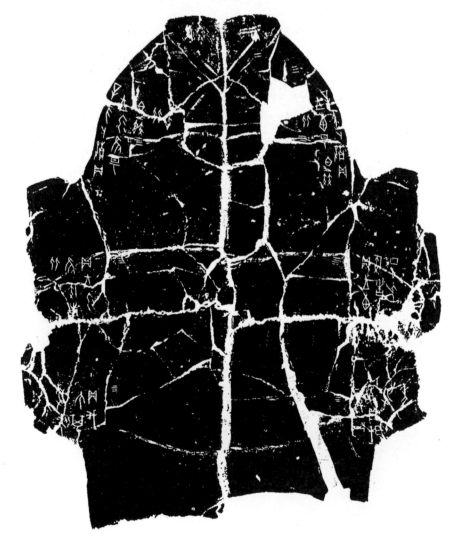

圖 78：《集》6928 正

圖 79：《集》6317

圖 80：《集》6448

圖 81：《集》6442

圖 82：《集》6444

圖 83：《集》6583

圖 84：《集》6657 正

圖 85：《集》6828 正

圖 86：《集》6752

圖 87：《集》20531

圖 88：《集》20393

圖 89：《集》6305

圖 90：《集》20398

圖 91：《集》20451

圖 92：《集》20502

圖 93：《集》6057 正

圖 94：《集》6352

圖 95：《集》6677

圖 96：《集》6452

圖 97：《集》6749

圖 98：《集》6906

圖 99：《集》20414

圖 100：《集》20557

圖 101：《集》6451

圖 102：《集》6680

圖 103：《集》6905

圖 104：《集》6986

圖 105：《集》20412

圖 106：《集》20426

圖 107：《集》20475

圖 108：《集》20506

圖 109：《集》6754

圖 110：《集》7063　　　　　　圖 111：《集》4954

圖 112：《集》6567

圖 113：《集》6987 正

圖 114：《集》7061 正

圖 115：《集》7064

圖 116：《集》20630

圖 117：《集》840

圖 118：《集》8850

圖 119：《集》20632

圖 120：《集》6743

圖 121：《集》7076 正

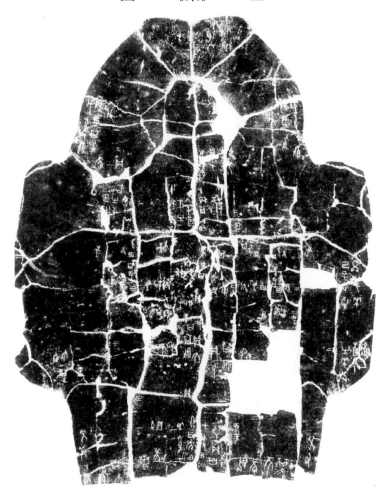

圖 122：《集》11003　　圖 123：《集》20457　　圖 124：《集》6594